少年と天使たちIII

魂の回復と内省の旅

Nana F. Muzaka
山川 晃子 訳

FOAL AND THE ANGELS III

Soul Retrieval and Soul Searching

幻冬舎MC

少年と天使たちⅢ

魂の回復と内省の旅

神に捧ぐ

主よ、御心に沿って、
書き進めることができますように。

少年と天使たちIII　目次

はじめに 7
夜と共に訪れるものは？ 10
小さなボタンの夢 16
カラスの夢 20
アストラルな池を潜り抜けて 30
トランスフォーメーション（変容）の天使 48
ノーマンズランド（彼我の中間地帯）の夢 57
メタトロン 80
「誰か助けて！」魂の回復 85
イーグル（鷲）の夢 98
イーグル（鷲）の贈り物 101
殺し、そして解放 104

少女たちの魂の回復 112
アストラルな再会とイーグルの飛翔の投射 125
海賊の夢 131
花の中にいる夢 139
大天使ガブリエル 141
爆発する光……神聖な象の夢 147

エピローグ 153
訳者あとがき 158

はじめに

「神秘家は狂人の溺れる海を泳ぐ」
（ジョーゼフ・キャンベル）

皆様がまだ、「少年と天使たち」の初編と続編（フォール1＆2）をお読みになっていなくても、この完結編（フォール3）は単独でお楽しみいただくことができます。もちろん、フォール1＆2を既にお読みになっていれば、シリーズ作品としてなお一層お楽しみいただけることと思います。いずれにしましても、フォールの物語について、ここに少しご説明させていただきます。

「少年と天使たち」は、少年フォールが、授けられた夢と途方もない体験を通して学んだことを語る物語です。小さな本ですが、どなたにも楽しんでいただける、わかりやすい物語です。

本書は、天使たちが登場するとはいえ、決して宗教的な本ではなく、ましてや、特定の信仰や信条についての本でもありません。込められているのは、誰もが心の中に秘めていながら、気づかれていない普遍的な知恵なのです。ですから、この本は、ある意味で「目覚まし時計」のようなものかもしれません。神や天使たちを信じていらっしゃる方には、読みやすい本だと思います。そうでない方にも、神や天使たちをただの登場人物として、お楽しみいただければと願っております。

大切なのは「誰が」物語を語っているかではなく、物語が「何を」語っているかなのです。全編に流れる「愛」と「いのち」のメッセージを受け取っていただければ、それに勝る喜びはありません。私が本名を明らかにしたくないのは、そのためです。この本は神や天使たちについての本でもなければ、著者についての本でもないからです。

夜と共に訪れるものは？

夜の帳《とばり》が下りて、夜が優しくささやきかけてくれるのを、フォールは待ち望んでいました。夢や声の訪れを、アストラルな旅や、別の宇宙や異次元の現実の訪れを既に知っていましたから……

なんと素晴らしい、果てしなく続くかのような気づきの旅だったことでしょう！フォールは、これらの夢が大好きでした。それは、夜毎の闇を照らすために点在する楽しみの灯りなのでした。時にはスリラーで、時にはラブストーリーで、また、時にはホラー映画だったり、可笑しなコメディーだったりしながらも、眠りのひとときをアドベンチャータイムに変えてくれるのでした。また、夢が消えていく時の何とも言えないうっすらとした輝きも好きでした。もう、夢の何もかもが好きでたまりませんでした。夢は、この世の旅路を案内してくれるコンパニオンなのでした。いつも励まし、困った時は助けてくれる教師であり、アドバイザーであり、ガイドであり、友人だったのです。

それればかりでなく、天使たちはいつもすぐそばで、不思議な計り知れない夢の情景を通して、彼を助け、導いてくれたのでした。

とは言え、ここ数か月の間に、彼の夢は以前には想像すらできなかった本格的な体験へと変わって来ていました。

夢の中での方が、現実の生活よりも生き生きと感じられるのでした。どんなことでもものすごく細かく、しかも立体的に感じられ、不思議なことに、体はベッドの中で眠っているのに、意識的に考えていられるのでした。そのことを表現する適当な言葉が見つからなかったので、彼は取り敢えず「フィジカル・ドリーム」と呼ぶことにしていました。*

フィジカル・ドリームは、時としておどろおどろしい、怖い、身の竦むようなものでしたが、同時に神秘的で、この世のものとは思えぬ、言いようのない美しい体験でもありました。

これらの体験は、他の意識レベルへのインターディメンショナル（多次元）なシフトとか旅とか投射というものであることを、彼は後になって天使たちから説明されるのですが、実は、意識それ自体の無限性を探り当て、内的に成長するために彼に「贈られた」ギフトだったのです。

恐ろしい体験のほとんどは、意識レベルの低い時に起こるものであることを、後に彼は知らされます。そして、それが本当であることが、証明されます。より高い次元（意識レベル）に到達できた時は、体験が恐ろしいものから至福に満ちた恍惚感へと変わるからでした。

そうした次々と変わる現実には、ちゃんとした名前があることも、フォールは知らされます。例えば、アストラル体投射とかエセリック体投射、カルマの旅、アカシック・レコード、インターディメンショナル・シフト、等々。それらは皆、「か

って の」 自分には理解の及ばぬ、 わけのわからないものでしたが、 今ではなくてはならないものになっていました。

実際、 昼間の出来事は夜の出来事の影にすぎないように感じられました。 あのようなパワフルな夢体験をさせられると、 それが「現実の」 生活よりももっとリアルに感じられるようになります。 もはや夢をただ見ているのではなくて、 夢を実際に体験し、 生きているわけです。 それは疑いようもありませんでした。

フォールはため息をつきました。「うーん、 疑いかぁ……手ごわい言葉だな」 あれだけの夢を見せられながら、 あれだけの天使たちの教えがありながら、 自分にはまだ恐れと自己不信の問題が残っていて、 思いもかけない時に頭をもたげてくることをフォールは知っていました。 それでも、 時間をかけて、 天使たちの助けを借りて、 やっとの思いで乗り越えて来たのでした。

この頃、 これらの新しい世界がもたらす無限の可能性に対して、 彼は前よりもリラックスして、 構えずに受け止められるように感じていました。 彼の人生に訪れたこの新しい段階に、進化を遂げつつある自分の全く新たな一章に対して。それは明らかに天使たちのお陰なのでした。

†††

フォールはいつしか、夜の闇と夢の訪れを心待ちにしながら、感慨深げに窓の外を眺めていました。月が美しい弧を描いて、空にかかっていました。

今日は本当に忙しい日だったので、フォールはもう目を開けているのがやっとでした。彼は、大きなあくびをし、ベッドに横になりました。瞼を閉じると、いつもの流れが押し寄せて、自分を下の方にグングン引っ張っていくような感じがしました。その不思議な感覚に身を任せているうちに、いつの間にか、彼はもう自分の部屋にいないのでした。

＊「フォール２」p.１０５〜１４０参照

小さなボタンの夢

フォールはいつの間にか、大きな石の城の中にいました。城は高い崖の上に聳えていて、見下ろすと、谷と山々が広がっていました。彼は囚われて、この荒涼とした部屋に閉じ込められているのでした。部屋の片側には小さなバルコニーに通じる扉があって、そこから、ものすごく高く険しい岩壁に繋がっていました。バルコニーはやっと扉が開く程度の小さなものでした。フォールはバルコニーに出て、下を覗いてみましたが、逃げ出す術はなさそうでした。

とは言え、眺めは息を呑むほどでした。山の裾野が広がっている左手には、背の高い樹々の生い茂る森が続いていました。紺碧の空と深緑の森……それはそれは美しく、フォールは痛いほどに自由を請い求めていました。

すると突然、どこからともなく荘厳な声が響いてきて、恐れを振り払うなら、逃げ出せると言ったのです。「そこから飛び出せ。そこから飛び上がるのだ」

その声には抗い難い力がありました。フォールは再び目の前の切り立った岩壁を見下ろしましたが、絶望的でした。こんなところから無事に逃げ出せるものか？

その声はなおも続けました。「ボタンを押しなさい、信仰のボタンを」

えっ！　なんだって？　何のボタン？　ところが、下を向くと、小さな黒の四角いボタンが胴に付いているのでした。何なんだろう？　いつの間に付いたんだろう？　このボタンを押すのかなぁ……？　そしたら、どうなるんだろう？　ジャンプ？？　切り立った崖を見下ろすと、眩暈《めまい》と恐怖に襲われました。疑念と恐れが再び頭をもたげて来ました。彼は恐るおそるでしたが、やっと、ついに、自由への憧れの方が心に抱いていた恐れよりも強いことがわかりました。やってみることにしたのです。「ダメなことがあるものか？　ここに閉じ込められていたって、結局は同じだ」

そうつぶやくや否や、彼はボタンを押して、一気にジャンプしました。

何ということでしょう。彼は落っこちなかったのです。空中に浮かんでいるのでした。「どうなっちゃってるの？　なんてこった！」そう言いながら彼は、飛べるのが嬉しくて、大胆にも空中をはしゃぎまわって上がったり下がったりしていました。「ほんとだ、ほんとだ！　あそこから本当に飛び出せたんだ！　しかも、あんなに簡単に！！　あんな断崖絶壁の城から抜け出すのが、これほど簡単にできることを、知っていさえすれば！」

辺りを見回すと、山の傍らに樹々や森や草原が広がり、地面ははるか下の方に見えました。なのに、落ちないでいられる？「信じたからだ！　信じられたからだ！」そう叫んでいる最中に目が覚めました。

†
†
†

「ワオ！」　フォールの目がパッチリ開いてしまいました。まだ真夜中でしたが、体中にエネルギーが漲るのを感じました。どうしてだかわかりませんでしたが、夢の中でつぶやいていた言葉が、まるでパズルへの鍵のように、頭に響いていました。「あんな断崖絶壁の城から抜け出すのが、これほど簡単にできることを、知っていさえすれば！」

そこには、言葉以上の意味が含まれているように思われました。もっと深く考えるべきだとは思いましたが、瞼が重くて、目を開けていられませんでした。彼は再び眠りに襲われ、不思議なことに、またもや、古い中世の高い高い城の中にいるのでした。

カラスの夢

フォールは辺りを見回して、不思議に思いました。「あれ？　また、お城の中？　嘘だろう……戻っちゃったんだろうか？　飛び出せたと思っていたのに……」

でも、自分の居場所をよく見てみると、同じ城ではなく、もちろん、同じ部屋のはずもありませんでした。今度は部屋の真ん中に大きなベッドがありました。

その部屋は最上階にあるらしく、広い石造りの家で、遠くにはやはり山々や森が見えました。大きな窓も石でできていて、窓ガラスはなく、そのまま白い雲のたなびく青空に繋がっているかのようでした。空には、カラスが！！！　たくさんのカラスが、部屋の前に広がる空に円を描いていました。

なんということでしょう！　カラスの群れは、円を描きながら、まるで人間のような表情を浮かべて、フォールを見つめていました。ずる賢そうでもなく、敵対心もなく、むしろ何かを訴えるような、悲し気な目つきでした。フォールは、カラスの群れと友達になりたいと思い、心は愛で満ち溢れていました。

カラスにも、フォールの気持ちがわかったのでしょう。群れの輪は、どんどん近づいて来ました。フォールが窓から左腕を伸ばすと、なんとまぁ嬉しいことに、カラスが一羽ずつやって来て、腕に止まったのでした。

フォールはうっとりしながら、カラスの一羽一羽に美しい、大切な名前を付けました。それから、部屋の中に戻ると、大きなベッドに腰かけました。窓の外に目をやると、相変わらずカラスの群れが部屋のそばを飛び回り、彼の方を意味ありげに見つめていました。

そのうちの一羽は、何か言いたげに、それも悲し気に、フォールを見つめていました。見ると、羽が少し変でした。怪我をしているのでしょうか？　部屋に向かって飛んでいる時、そのカラスは頭を右に回し、フォールの方を向いて、右目で彼を見つめました。フォールは驚きのあまり、口が利けませんでした。その目は普通のカラスの目ではなかったからです。それは、目の周りにくっきりとアイラインが描かれたホルス（太陽神）の目だったのです。フォールはその場で呆然としていました。

呆然としながらも、なぜか彼はそのカラスに親近感を覚え、もっと近寄りたいと思いました。彼はベッドに腰かけたままでしたが、カラスが部屋に入って来るだろうかと訝っていました。そこで、腕を窓に向かって伸ばしてみました。

すると、驚いたことに、カラスは窓から部屋の中に入ってきて、フォールの腕に優雅に羽を休めたのです。

†
†
†

フォールは至福の思いで目が覚めました。カラスがあんなにも自分を信頼してくれるなんて……「カラスたちも、友達になりたかったんだ」と彼は思い、嬉しくなりました。「何て名前を付けたんだっけ？　すごく特別で大切な名前にしたんだけど」ところが、いくら思い出そうと思っても、思い出せないのでした。「どうしちゃったんだろう！　絶対思い出せると思っていたのに」

でも、そんなことよりも、この至福の瞬間の方が大事でした。彼は二つの夢のシンボルが何を表しているのかを、もう一度深く考えてみました。すると、どこからともなく、天使のささやくような声が頭に響いて来ました。ひとりではなかったのです。

「エムさまだ！」そう思うと、心が喜びに踊りました。守護の天使エマニュエルは、いつもそばにいてくれて、思いもよらぬ方法で助けてくれるのでした。

「そうだ、わたしだよ、フォール」その声は歌うように答えました。「本当によくやったね。お前は飛ぶことを選んだ。つくられた恐れという限界を超えて、お前が人生で何度もこしらえてきた鉄壁の城から、牢獄から、飛び出したのだ」

天使が言葉を繋ぐ間に、フォールはため息混じりにつぶやきました。「エムさま！来てくれて、ありがとう！」すると天使は答えました。

「フォール、お礼を言うのはわたしの方だよ。お前は信じることを選び、ジャンプした。霊は招かれたと分かったのだ。**霊《スピリット》は、招かれるのが好きなのだ**。そのことを覚えておき、フォール。霊は招かれるのが好きだということをね。霊は喜び、その喜びを表すために、神聖なカラスの姿をとってお前のもとを訪れたのだ。神秘の目を、すべてを見通す目、明晰な目を、お前へのギフトとして携えてね。その目が、お前のこれからの旅には必要になる」天使は少し間を置いて、続けました。

「その目は、形而下の世界と形而上の世界を繋ぐ道を、お前の直観力と自分自身の中の高次の存在とを繋げる橋を照らしてくれる光だ。鉄壁の城の限界を超え、日常の世界を超えて、その先を見通す明晰さを与えてくれる神秘の目なのだ」

「神秘の目……って。聞いたことがないなぁ……」とフォールはつぶやきました。

するとエムが笑みを含んだ声で言いました。「聞いたことあるさ！　第三の目とも言うがね」

フォールには、エムの悪戯っぽい笑顔が見えるような気がしました。エムは一拍置いて笑いながら、続けました。「フム、第三の目……第四の……第五の……人間は数えるのが好きだねぇ……」

フォールは唖然としてしまいました。「えぇっ？　冗談を言ってるんですか？」「宇宙のジョークだよ。フォール、宇宙のね。宇宙のジョークは『不可算』だよ」そう言って、エムはクスッと笑いました。フォールも、まさか天使がこんな冗談を言うなんてと、思わず笑ってしまいました。

エムはかまわず続けました。「これがお前を、次の別次元への旅に連れて行ってくれるよ。神秘の目は、明晰にものを見るのを助けてくれ、インターディメンショナルな旅に不可欠のものとなる。神秘の目は、霊の扉なのだ」

「じゃぁ、ぼくはまた別の旅に出るの？」フォールは恐るおそる尋ねました。「そうだね。次に進む時が来たんだね。前方か内側にね……そうだろう？　お前はいいよって言ったじゃないか、忘れたのかね？」

「もちろん覚えています。至高の神さまは、そのことでぼくを褒めてくださいました」フォールは頬を赤らめて答えました。「忘れるはずがありません！」

「あれは本当に勇気ある決断だった。大したものだよ。準備はいいかい？」

「準備？？　エムさま、ぼくいつまで経っても準備はできないから、どうせなら、今日でもいいさ」

フォールは心を奮い立たせました。今では、他の次元へのシフトがどれほど素晴らしく、しかも同時に恐ろしいものであるかを、彼はこれまでの体験から知っていました。「あんな」スゴイことに準備ＯＫのはずがありませんでした。でも、決めたのです。起こるがままにしてみようと。

その時、またもやフォールの注意は別のことに向けられていました。どうしても訊きたいことがあったのです。彼は単刀直入に尋ねました。

「エムさま、あの神秘的な目をしていたカラスですけど、怪我をしていたのでしょうか？　どうして、羽がちぎれていたの？」

「あぁ、あのちぎれた羽のことだね。よく気が付いたね。あれは、お前のトラウマの一部だ。トラウマは癒してやらなければならない。全体的であるために、もう一度完全になるために。傷つけられたり、いじめられたりした時、悲しみや罪の意識、恥ずかしさや後悔に苛まれている時、お前の一部は失われている。喪失を体験して、癒しを求めているのだ。人間の世界では、そのことを『魂の回復』と呼ぶ。だが、魂それ自体は回復される必要がない。魂は『ひとつ』であり『永遠』だからだ。それは、喪失からの回復と言ってもいいし、もしくは、お前自身の、この世で、あるいは過去生で否定された部分の回復なのだよ。

お前が窓の外に向かって腕を伸ばした時、お前はそれに気が付いた。そして、再び呼び戻したのだよ。完全にするためにね」

「あぁ、そうか。だから、ぼくは彼らに親近感を抱いたんだ！」とフォールは叫びました。「ぼくは、何とも言えない親しみを感じていたけど、あれは、ぼくの一部だったからなんですね？」

「そうだよ。お前は『それ』を招き入れたのだ。和解と再統合をもたらしたのだよ。『魂』にとって、なんと幸せな瞬間だったことだろう！　魂がどれほど感謝し、喜んでいたかを覚えておおき！」

そう言うと、エムは去っていきました。フォールは、眉間にしわを寄せながら、大きく深呼吸しました。これからも「あのような」旅は続くと、エムはハッキリ言っていました。フォールは勇ましい返事をしたのでしたが、心の中では、「今度はどこへ行ってしまうんだろう？」と不安に思っていました。

そう思うと、またもや、気持ちは高揚感と躊躇いの間を、興奮と心配の間を揺れ動いてしまうのでした。まだまだたくさんの質問が彼の探究心をくすぐっていたのですが、答えが見つかるかどうかは、全くわかりませんでした。

†††

数日が過ぎ、美しい満月が空から窓の上にぶら下がっているかのような夜のことでした。彼は、いつしか眠りに落ち、一筋の月明かりが彼の顔を照らしていました。

その夜、彼は思いもよらぬ体験をしたのでした。

アストラルな池を潜り抜けて

フォールは、いつの間にか険しい山奥の森を抜けて、不思議な場所に来ていました。夢ではいつものことなのですが、夢の中で主役を演じているフォールと、それを上から見ているフォールがいました。

彼は仲間と一緒に来ていて、難しい試練を潜り抜けなければならないのでした。試練がやっと終わった時、フォールは小高い丘の上にいました。そして、それほど遠くない所に、ガイドと思われるとても大きな男の人が立っていました。その男の人は、フォールをじっと見つめ、近寄って来て、皆試験を通過したから、家に帰っても良いと言いました。ところが、そのすぐ後に、こう言ったのです。「だが、お前は、帰る前にある者に会わなければならない」そして、そのある者がどれほど特別かを、とても怖がりで、すぐに逃げてしまうから、気をつけてあげなければいけない存在であることを説明しました。

ガイドは、そう言うと姿を消し、すぐにまた、本当に不思議な存在を、人間ではないのですが、人間のようなホビットを連れて戻ってきました。

そのホビットは、顔が長く、顎がちょっと垂れ下がっていて、目がやや濁り、瞼が半分閉じていました。体もちょっと変わっていました。長い腕を引きずっていて、膝丈のズボンを履き、開襟シャツからは胸がはだけていました。フォールの前に立っている、無言で目がどんよりしたこのホビットは、見るからに、恥ずかしがりやで、内気で、多分知的障害も抱えているようでした。

なんとなくサルを思わせるその顔つきに、知性を示すものは全くと言っていいほどありませんでした。それなのに、なぜかフォールは、そこに自分のとは異質の知性を感じていました。なんとなく、このホビットのことを特別な存在なんだと、感じ取っているかのようでした。

この風変わりな存在にすっかり心を惹きつけられたフォールは、本当に好きになってしまい、その気持ちを何とかして相手に伝えたいと思いました。そこで、君の心をほぐして友達になりたいんだよ、と身振りで示して見せました。彼は相手を怖がらせないように、慎重にゆっくりと手を動かしました。そのホビットのような存在は、フォールの仕草を目でぼんやりと追うようにして、眺めていました。

最初は、全く反応がなく、目を動かすでも、体を動かすでもありませんでした。フォールは途方に暮れてしまい、どうすれば相手に気持ちが伝わるんだろうと思っていたその時、ホビットはまるで光が射したような表情を浮かべました。

その目は、分かったよ、と言いたげに輝きました。まぶしい笑顔になり、すっかり喜びに満ち溢れていました。二人は、やっと愛と友情で繋がったんだとわかり、フォールの心は、興奮と幸せではちきれそうでした。

すると、そのホビットのような存在は、腕を広げて、嬉し気に声を上げながら、オランウータンのような仕草で、胸を軽く叩いたのです。彼はフォールに大きな笑みを投げかけ、近寄って来て、フォールを固く抱きしめました。フォールも笑ってそのホビットの背中を軽く叩きながら、抱きしめ返しました。

フォールは、友達が、それもすごく特別な友達ができたことを心から感じ、その友達から何かとてもすごいパワーをもらったのだと感じました。そのホビットは話すことはできないようだった、と言うか、全く異なる言語を持っているようでした。フォールにはどれも似たように聞こえる唸り声の言語でした。それでいながら、フォールにはそのホビットと友達になれたのは、特別な恵みなんだということがわかっていました。フォールは晴れやかな顔をガイドに向け、微笑みました。これでやっと家に帰れるのでした。

†††

フォールは、すっかり満足して、家路につきました。ところが、小さな薄気味の悪い池の周りの泥道を呑気に歩いていると、池に頭を下にした小さな体が浮いているのに気が付きました。

いつだったか夢の中で、女の子が行方不明になり、その女の子はガイドをしてくれた男の人の娘さんだったという話を思い出しました。

宵闇が迫っていましたが、月明かりのおかげで、池の向こう側の、底に深く根を張った一本の樹の奥に、水草や藻の間で意識を失って浮いている女の子の体が良く見えました。

一瞬、ギョッとしながらも、女の子をじっと見つめ、どうして誰も彼女を助けに来なかったんだろうと思いました。ですが、すぐに、どういうわけか自分以外の誰にも、女の子が見えないからだと気づきました。彼はわずかな躊躇いを覚えながらも、家に帰りたくてたまりませんでした。「結局、まだ試練は終わってなかったんだ。最大の、最難関の試練が示されてるんだ。これは、家に帰る前の最後の試験だ……」と彼は思いました。

おぼろげに光っている池は、気味が悪いほどに美しく、なんだかオバケでも出て来そうな恐ろしい風情でした。水底に根を張った異様な樹と、不吉な感じで浮いている藻に挟まれて身動き一つせぬ女の子の体。そのわずか数メートル先に、50センチほどの高さの木の柵みたいなものが、池を分けるかのように巡っているのが見えました。

「もしも飛び込んであの子を助けたとしても、ぼくは帰っては来れないかも……」彼はため息をつきました。「やっと家に帰れるという時になって……」彼はもう一度池に目をやると、一瞬のうちに池に飛び込み、藻と水草の間を泳いでいったのです。

最初は力強い泳ぎでしたが、数掻きもすると、手足は力を失い、感覚がなくなってきました。腕も脚も重くて、まるでまだものすごい距離を進まなければならないかのようでした。すべてがスローモーションのようで、手足は重くなるばかりでしたが、その時、何かに摑まれたかのように強く水の下に引っ張られました。真っ暗闇の世界でした。彼はさらに引っ張られ、心までが無感覚になっていきました。

次第に意識を失い、深い、暗い水底に引きずり込まれていくのを感じました。すべての終わりのように感じられ、フォールは一瞬、このままでもいいと思いました。もう自分には無理だ、疲れすぎていて、もう動けない、沈むに任せようと思いました。ところがその時、ふと上に目をやると、意識を失ったその女の子は、もうすぐそばなのでした。あとほんの数掻きのところにいたのです。

突然、体の中で火花が起こるのを、何かものすごい力が未知の深みから湧きあがってくるのを感じました。そして、「ちがう、今止められてたまるか！」という思いとともに、彼は力を振り絞って、朦朧とした意識の底から這いあがり、まさにスーパーパワーを手にして、人間の基準では考えられない勢いとスタミナで泳ぎ始めました。

彼は女の子に近寄ると、軽々とその子を肩に担いで、再び信じられないほどの力で泳ぎ始めました。そして、池の中ほどの柵にたどり着くと、彼女を柵の向こうに放り投げたのです。そして、ものすごい、信じられないほどの意志と力で、人間業とは思えない力で、自分も柵の向こうにたどり着いたのでした。

彼は疲れ果てていましたが、女の子を肩に担いで岸まで泳ぎ渡るエネルギーは残っていました。岸に着いて、砂浜に女の子を投げ出すと、岸辺は家に、その子の家に変わっていました。思いがけないことに、女の子の体は微かに動いていました。まだ横たわったままでしたが、動いていたのです。彼女は生きていたのです！　彼女の父親、あの大きなガイドも、砂浜に立っていて、驚いたような、嬉しそうな顔をしていました。フォールも、自分があの死に至る無感覚に負けなかったことを、心から嬉しく思い、自分の内に宿っている力をついに信じることができたのでした。

†††

フォールは放心状態で目が覚めました。夢とは思えないほど長く、詳細な夢で、細かいことまで今でもはっきり思い出すことができました。池はとても暗くて、不気味でしたが、その不気味な暗さの中に不思議な美しさがありました。下の方に引っ張られ、手足が無感覚になっていく恐怖、たけり狂ったように不意に湧きあがるエネルギー、そして、ついに女の子を救った時の至福感と高揚感。それにもまして忘れられないのは、あの特別な存在でした……あれは、誰だったんだろう？

最後に振り絞った力は、自分の力ではなく、人間業を超えていた……きっと、あの特別な存在と出会ったおかげでもらった力だ、と彼は感じていました。池から戻って来るのに、絶対に会わなくてはならない存在だったんだ……だけど、本当に、誰だったんだろう？


「お前は夢の中で、自分の呼びかけに応えてくれる素朴で内的な存在に出会ったのだよ」

不意をつかれて、フォールはびっくりしてしまいました。でも、それが誰であるかは、すぐにわかりました。「ミカエルさま！　来てくださると思ってたんですよ」フォールはにっこり笑って言いました。「本当にもっと説明が欲しかったんです。強烈な夢だったのに、わからないことが多すぎて」

「あの旅は、修行とも言えるし、回復の旅とも言えるのだ、フォール」大天使ミカエルは答えました。「回復の旅？」　フォールは戸惑っていました。「誰を回復させていたの？　女の子？」

「お前自身だよ、フォール。お前自身の様々な側面だ」

「えぇっ？？　じゃぁ、あの特別な存在も、ぼくの一部だったってわけ？」　フォールは唖然としてしまいました。「あの存在も、女の子も、大きなガイドも、あの池ですらも皆、お前の多面的な自己の一部なのだよ」

「あの池までも？？」思わずフォールの眉が吊り上がってしまいました。思いもよらぬことでした。「池もぼくの一部？　ど、どうやって？」

「池はね、フォール、お前の執着や欲望を、そして、憧れがもたらす未解決の問題を表しているのだよ。光の届かない闇のどん底に、意識が感情のロープに縛られ、自我に騙されて、無意識に反応してしまうどん底にお前を引きずり込んでね」

フォールは、あまりのショックで口が利けませんでしたが、すぐに気を取り直し、言いました。「ＯＫ！！　そのことは、考えてみます。でも、……あの存在は、誰なんです？」

「あの存在……お前はすごく気になるらしいね……」大天使は笑みを含んだ声で答えました。「あれはね、お前が自分でも気づいていない、意識的には認めてもいないが、力を引き出す、己の隠された知恵の部分なのだ。お前の中に原初からある本質であり、その言語は『愛』だ。

お前が持っている、もしくは持っていると思っている力は、『愛』から来る。『愛』からしか来ない。そのことを認識することだ。お前は愛の力を抱きしめることで、お前の中の本質的な『愛』の部分に繋がることで、女の子を、無垢の傷ついた自分自身を助けたのだ」大天使は、フォールがついてくるのを確かめ、続けました。

「どれも皆、フォール、お前自身の断片なのだよ。夢を見ているフォール、広い心を持ち、素朴で内的なフォール、道に迷い、濁った池で溺れていた無垢の女の子であるフォール、お前を包み、お前を傷つけ、お前の心を触手で包んでしまったあの濁った水、すなわち有害な感情も、皆お前なのだ。トラウマを引きずって、生きるエネルギーを失くしていたお前は、再び完全になるために、回復される必要があるのだよ」

大天使はやや間を置いて続けました。「だが、絶望することはない。最大の試練の時でも、必ず導きや助けがあるからね。心の広いホビットだけでなく、インナーガイダンス（内なる叡智）もそばにいて、じっと見守っていてくれたじゃないか」「あぁ、あの大きなガイドのことか……」とフォールはつぶやきました。「そうだよ、フォール、本当に大きなガイドだ」大天使の言葉に、フォールは大きなため息をつきました。あまりのことに、一度で呑み込むことができませんでした。「ミカエルさま、仰ることが腑に落ちるまで、時間をください」「そうだね。過去のトラウマの記憶を整理するのは大変な作業だ。一生かけても終わらない仕事だよ。だから、ゆっくりおやり、フォール」そう言って大天使は去っていきました。

†
†
†

フォールの頭はまたもや、極限まで、未知の果てまで引き伸ばされたような感じがしていました。そこから、まさに新たな世界が広がっていたのですが、彼にはまだ足を踏み入れる勇気がありませんでした。

彼は大切なノートに目をやりましたが、書くべき言葉が見つかりませんでした。あまりに多くのことが頭に浮かんできて、時間が必要でした。「あれ」をすべて言葉にする時間が……。

まだ夜は明けていませんでしたが、フォールはゆっくり眠ることができずにいました。「ぼくの中には、いったいどれくらいの自分がいるんだろう？　どれくらい自分を失くしちゃったんだろう？　それらを全部回復することができるんだろうか？　どうやって回復すればいいんだろう？」疑問が次から次へと湧いてきて、眠らせてくれないのでした。

するとどこからともなく、懐かしい声が響いて来ました。それが誰であるかはすぐにわかりました。エムでした。「フォール、最初の『フィジカル・ドリーム』で出会った苦しい闘いを覚えているかい*？」

彼は熱っぽく答えました。「忘れようがないですよ！　ものすごく怖かったんだから。もう気が狂うかと思いました」フォールの声は上ずっていました。「やつらがほとんど一晩おきに襲って来て、クタクタでしたよ」

「『やつら』だって？」エムが口を挟みました。「『やつら』って、誰のことだね、フォール？」

その問いかけに、フォールは一瞬たじろぎました。「やつら」とはもちろん、彼には知る由もない理由で彼に襲い掛かった負のエネルギー、明らかに悪意ある実体のことでした。エムはフォールの思いを遮って言いました。「フム……負のエネルギーねぇ……それは、お前がそう名付けただけのことじゃないかい？　あれは本当はね、お前の気づきを邪魔していた複数のお前なのだよ……だから、複数のお前が『お前』と闘っていたのだ、『お前』を引き留めようとしたのだよ。より大きな『お前』を、気づきの栄光の中に燦然と輝く『お前』をね」

「えぇっ？？　じゃぁ、ぼくは自分と闘っていたって言うわけですか？　あのすさまじい闘い全部を？？」

「全部が全部ってわけじゃないさ。だけど、ほとんどとは言えるね」

この言葉に、フォールは再び面食らってしまいました。

天使は、笑みを含んだ声で続けました。「お前は彼らに言っていたじゃないか、と言うより、怒鳴っていたがね、『今じゃないだろう！ なんで今なんだよ！』ってね。そのことを考えてみたことはあるかい」

「うーん、あの時は不思議だったんだ。確かにぼくは、あの時、あの恐ろしい闘いの時、それを繰り返し口にしていた……」フォールは、頬を赤らめてつぶやきました。


「フォール、『お前』は、『そこにいた大きなお前』は、自分が気づきの最中だということを知っていた。物事を動かすために、進化の歩みを進めるために、その瞬間を選んだことを知っていた。だから、『誰か』がその歩みを邪魔しようとした時、それはお前には明らかに受け入れがたいことで、我慢がならなかったのだ」

天使は続けました。「だから、お前も気づいているように、悪意ある実体は確かに低い次元に棲んでいるが、あのエネルギーの格闘の多くは、お前自身の隠れた部分、つまり『影』との闘いだったのだよ、忘れたのかね？」

フォールはため息をつきました。「あぁ、『影』か！　覚えています。『影』は、完全になるために、ぼくと統合されるのを待っていると至高の神さまは仰いました。『影』に感謝しなさいって。『影』のおかげで、内に埋もれていた力を見つけられるからだ、みたいなことを……」

大きくとどろくような声が割り込んできました。

「『影』が現れるまで自分でも気が付かなかった力のことだ。不本意ながら、しかもそれと知らずにせっせとお前に働きかけてくれる『影』に感謝するのだよ。『影』はお前に『光』を恋焦がれさせるためにいる」

フォールは驚きのあまり、開いた口がふさがりませんでした。「おおぉ、至高の神さま……」

「ちょっと引用しただけだがね」クスッと笑いながら、至高の神は切り返しました。

「どうした、フォール？　お前がレッスンをちゃんと覚えていてくれて、嬉しいよ」

フォールは、気の利いた返事をしたいと思いましたが、何も思いつきませんでした。あまりにたくさんのことを教えられて、圧倒されてしまい、体の力が抜けそうでした。それに、昨晩は一睡もできていなかったのです。

「少しお休み、フォール」至高の神は優しくささやきました。「そして、天使たちの愛のメッセージをお待ち」そう言って、至高の神は天使と共に去っていきました。

「何だって？！　また天使たちがやって来るって？」フォールは思わず頭を上げました。

†††

数日が過ぎましたが、フォールは言われたことをずっと思い巡らしていました。

自分にたくさんの側面があるということは、別に目新しいことではありませんでしたが＊＊＊＊、自分にどれほど失われた部分や傷ついた部分があるのかを考えると、何となく不安でした。でも同時に、また天使たちが愛のメッセージを携えてやって来ると思うと、心は弾むのでした。

ある晩本当に、活き活きとした力強い天使が、沸き立つようなエネルギーの風に乗って現れ、フォールに知恵の言葉を投げかけました。

＊「フォール２」p.９５～１０６参照

＊＊「フォール２」p.９８

＊＊＊「フォール１」p.１０９～１１０参照

＊＊＊＊「フォール２」p.１６１～１６８参照

トランスフォーメーション（変容）の天使

「フォール、心のもつれをほどきなさい。そして、雑音を鎮めなさい。
大きな流れに身を任せ、来るものを拒まぬように。
全身全霊で、神の愛撫を感じなさい。そして、流れに身を任せなさい。

流れは流れるままに。

決めつけることなく、恐れることなく、無理に理解しようとすることなく。
でも、心はいつもそこに寄せて。『今ここ』の窓はいつでも開いています。

霊《スピリット》が目覚める時、成長の種が蒔かれ、土の表面《おもて》に突き刺さります。

ああ！　種の変容《トランスフォーメーション》の栄光！　暗闇から純然たる輝きに、囚われから大いなる解放へ。


土の表面《おもて》にあなたの真のアイデンティティーを示しなさい、皆の目に留まるように。とりわけ、あなた自身の目に留まるように。

小さな種に秘められた美しい花、あなたである花を示しなさい。長い冬を耐えて、中で秘かに咲くのを待っていた花を。

種の世界と花の世界は、全く異なる別の世界です。暗い世界と明るい世界、下にある世界と上にある世界。それでいて、二つの世界は**ひとつ**であり、同じなのです。

二つの世界は、中を流れ、中で繫がる『いのちの力』で結ばれています」

フォールは放心状態で聴いていました、驚きながらも真剣な面持ちで。

天使は続けました。

「心を込めて、知性を広げて、聴いてくださいね。ただし、色は付けずに、『純粋な光』が無色透明で届くように。あなたの思い、学んだドグマや信条、恐れや疑念、希望や期待で色を付けてはいけませんよ、フォール。『純粋な光』が無色で届くようになさいね。『純粋な光』が本質だけで届くように。

今宵は、もう一つ教えましょう。

輝いている者とはわたしのことではなく、**あなた**だということを。

人間という肉体の衣を着ていても、あなたは、すべての人は輝いています。『影』があっても、恐怖や打撃の中にいても、あなた方は輝いています。あなた方は皆、内に光を秘めていて、外に出るのを、姿を現すのを、扉が開くのを待っています。嘆きや悲しみによってできる『割れ目』を待っているのです。

それを透光性《トランスルーセンシー》と言います」

「透光性《トランスルーセンシー》……？」フォールはつぶやきました。「何だろう……？」

かすかな微笑みを感じさせながら、天使は答えました。

「それは、あなたを通過する光、あなたを通して輝く光のことです。あなたの体中で輝く分子の光のことです。

あなたの中に秘められ、ヴェールのようにあなたを包む半透明《トランスルーセント》（透光性）な存在で、あなたには見えませんが、確かに存在する光のことなのです。いつもそばにいてくれる光です。あなたは決してひとりぼっちではありませんよ、フォール。激しい怒りと闇の世界にあっても、トランスルーセントでありなさい。内なる光を放ちなさい。

一度の一歩が大きな一歩となります。

次の一歩を踏み出しなさいね、フォール。

かつては予想もできなかった冒険の領域に足を踏み出しなさい。

救いの手を差し伸べなさい。救いの手を差し伸べなさい」

そう言って、天使は去っていきました。

†††

残された沈黙は、もどかしいものでした。フォールは圧倒され、考えをまとめることができませんでした。「あの最後の言葉で、天使は何を言いたかったんだろう？次の段階に飛び込めという意味なんだろうか？」窓の外に目をやりましたが、彼の頭は疑問でいっぱいでした。「ぼくは、いったい何を言われたんだろう？『救いの手を差し伸べなさい』って？？　誰に向かって？？」

すると、嬉しそうな美しい天使の声が、フォールの頭に響いてきました。

「フォール！」喜びに溢れた天使エムの声でした。「フォール、準備ができたって？人助けする気持ちになった？」

「準備？？　いや、いや、まだですけど、もういいということは決してないんですけど、でも、誰かを助けられるなら、もちろん、喜んで……せめて、ベストを尽くしますけど」そう言って、一息ついて、フォールは尋ねました。「でも、エムさま、誰に救いの手を差し伸べればいいの？」

「死者たちだ、フォール」天使は平然と答えました。フォールは殆どベッドから宙返りしそうでした。「なに?! 死者たち? 死者たちだって??? また、冗談ですか?」

「いや、本気だよ。フォール、お前を心から誇りに思うよ。心配しなさんな、これは一緒にやるのだから」

フォールの口はポカンと開いて、目玉は飛び出しそうでした。「……『これは』……? 『これ』って??? エムさま『これは』って、どういう意味?」

「魂の回復とはね、必ずしもお前の傷ついた、失われた部分を助けるだけではないのだ。失われた魂を助けることでもあるのだよ」

フォールは不安げにつぶやきました。「失われた……魂……? あの……幽霊のこと??」

「そうだね、彼らは『さまよえる魂』とも呼ばれている。あまりにも自分の肉体にしがみついていて、この世の痕跡を手放そうとせず、行くべき高い次元にたどり着けない魂のことだ。それは、死後数週間のこともあれば、数か月、数年に及ぶこともある。理由はただ単に、自分でわかっていなかったり、死後の世界（永遠のいのち）を信じていなかったり、あるいはまた、誰かに強い恨みを持っていて、心が地上に縛り付けられていたりするためだ」

フォールは、信じられないといった面持ちで、嗚咽のようなため息を漏らしながら、聴いていました。

天使は、何事もなかったかのように続けました。「そのために、彼らは中途半端な状態、つまり、低いエセリックな次元（地球に近い次元）から抜け出せずにいる。中には、自分が死んでいることに気づいていない魂もある。彼らを導いてやらなければならない。彼らは回復されるのを待っている。だが、彼らに最も必要なのは理解されることだ。彼らはあわれみを求めているのだ」

かすかな呻きがフォールの口から洩れました……いったい自分はどんなことに巻き込まれていくんだろう……？　天使は、なおも続けました。

「だが、まずお前が潜り抜けねばならない道がもう一つある。つまり、お前は死者たちの国に繋がる道を通過する必要があるのだよ。それは、いろいろな言い方があるが、中陰《バルド》とも呼ばれている」

「おぉ、エムさま、エムさま……そんなこと、ぼくにできるわけがありません……」怖気づいたフォールは、泣きながら訴えました。

「どうしてだね、フォール？　死者たちが怖いのかい？　お前の両親も、あの世にいるんじゃないかね？　それが怖いことかい？」

確かに、フォールの両親は数年前に他界していて、実を言えば、フォールは彼らに会いたくてたまらなかったのです。でも……「死者の国」だって？？　マジで？　それは不気味な響きでした。

「で、フォール、どうなの？」フォールの眉はつり上がっていました。「どうなのって？！　聞かないほうがいいよ。ぼく怖くてたまらないから」

天使エムは、ちょっとキザなウィンクと笑みを思わせる口ぶりで、「お前はきっと後でわたしに感謝すると思うがね」と言って、消えていきました。

†
†
†

フォールは、ボーッとしたまま、不安な思いに包まれていました。「うーん……ぼくは『いいよ』なんて、言っちゃったんだっけ？？　どうすればいいんだろう？一体全体、死者の国で何をすればいいんだろう？　考えただけでもゾッとする……」けれども、いつの間にか彼は寝入ってしまいました。そして、知らず知らずのうちに、不可思議なインターディメンショナルな旅に入っていったのでした。

ノーマンズランド（彼我の中間地帯）の夢

フォールは、パナマ海峡の上空と思しき場所を飛んでいました。太平洋から大西洋に向かっている感じでした。海峡は、河底が半分干上がったように見えました。上空からは、黒い大型の金属船が数隻、干上がった砂地に点在する水辺をやっと航行しようとしているのが見えました。

全く干上がった場所では、その黒の船団は、巨大な機械に括りつけられた何本もの鉄のワイヤーで引っ張られなくてはなりませんでした。

戸惑いながら、その成り行きを上から見ていたフォールは不思議でたまりませんでした。どうして、この船団は、南米周りにしないで、こんな干上がった国土を通過しようとするんだろう？

すると、答えが頭の中で響いてきました。どんなに大変でも、大陸を回るよりは近道なのだと誰かがテレパシーで伝えてくれたのでした。

†††

景色が変わり、彼はこの干上がった運河の真ん中を歩いていました。それは運河というよりも、幅の広い砂泥道路のようでした。彼は自分がここで何をしようとしているのかわかりませんでしたが、歩き続けていると、検問所に差し掛かり、そこには、カーキ色のバミューダパンツを履いた大柄の黒人兵士たちが、大型の銃を持って立っていました。彼らはどこか意地悪そうで、危険な雰囲気を漂わせていました。*

どういうわけかこの時、フォールは自分が一体どこにいるのかという疑問も持たず、平然と歩き続けました。

彼は立ち止まって、辺りを見回しました。検問所のわずか数メートル先に、砂泥道路の大きな交差点が見え、彼のいるところから30〜40メートルのところでしょうか、一台の古いトラックが発進しようとしていました。

彼がそのトラックと同じ方向に二〜三歩踏み出すと、足元に新鮮な紫色に輝く美味しそうなナスが目に留まりました。

目を上げると、そこにも、その向こうにもナスが落ちていて、それは50〜60センチおきに自分の目の前に一直線に続いているのでした。

あのトラックから落ちたんだとわかりました。見事な紫色のナスが、まるでついてこいと言わんばかりに、熟した果実のように目の前に一個ずつ置かれているのでした。

彼は何個か拾って、両手が一杯になったので、目を上げると、驚いたことに、何人かの兵士たちがトラックの後を追いかけているのが見えました。兵士たちはトラックを制止し、運転手をまるで囚人でも扱うかのように、外に引きずり下ろしました。フォールは不思議に思いました。

「どうして？　ナスを落っことしただけなのに？？」そして、引きずり下ろされた運転手の顔を見て、とっさに思いました。この男の人はぼくのためにわざとナスを落としたんだと。

けれども、フォールは兵士たちを相手にトラブルに巻き込まれたくなかったので、敢えてリスクを避け、ナスを元のところに戻しました。そして再び目を上げると、兵士たちが哀れな男に暴力を加え、痛めつけていました。彼らのやり方は実に酷く、男はすっかり怯えていました。その男もやはりアフリカ系の黒人のように見えましたが、兵士たちのように大柄ではなく、意地悪そうでもありませんでした。

兵士たちは、男の体を太いロープで何重にも縛り上げ、そのロープで、小さな中庭のような空き地の大きな樹に男をぶら下げました。彼らは卑劣にも面白がって男を揺さぶり始め、男はいのちだけは助けてと叫んでいました。その時フォールは、助けようと決心して検問所に戻りました。それに、彼自身、方角を知る必要がありましたから。

†††

検問所の交番の外で、木の椅子に黒人兵がむっつりした顔で退屈そうに座っていました。フォールは、英語を話せる人はいないかと、その怖そうな兵士に向かって、「英語わかります……？　英語話せます？？」と訊いてみました。

すると、その兵士は、「ヤァ」のように聞こえる唸り声を上げ、もう一人の兵士が交番から出てきました。二人とものすごく大柄で、威張っていて、筋骨隆々で、重装備していました。

フォールは、自分が大陸の向こう側に行くために、この運河を渡らなければならないこと、そのために方角のアドバイスとガイドが必要なことを、テキパキと説明しました。

二人の兵士は、フォールの話を嫌々ながら聞いていましたが、なぜか断ることはできないようでした。「そこにいたフォール」は、この法外とも言える「許可」をもらえそうなことに疑問を持つ様子もなく、ただ淡々と自分の必要を訴え続けたのでした。
そして、後ろを振り返って、樹に吊るされながら、なおも痛めつけられていた男を指さし、こう言いました。
「あの男の人をガイドに欲しいんですけど。私の道案内に」

この時、フォールの頭は信じられないほど明晰で、自分が何を求めているかをはっきり意識していました。小さな彼が、面倒くさそうな顔をしている黒人の大男たちに堂々と、あのような極端な要求を、まるで当たり前のように、突きつけているのは、本当に不思議でした。彼らがなぜ自分の要求を受け入れるのかフォールにはわかりませんでしたが、そんなことはどうでも良く、とにかく彼にはそこにいる権利が明らかにあるようでした。

彼は樹の方に向かって歩き、恐怖のあまり脚を上に曲げたまま、樹からぶら下がっている男を見つめました。

樹の下には、明らかに兵士ではない大柄の黒人の男がいました。その男は何か粗布でできた長いドレープの衣を着ていて、司祭とか宗教者のように見えましたが、フォールは、むしろ陰湿で悪意あるエネルギーをそこに感じていました。

その男は小型の、とても小さいブルーのプラスチック製の鋏を持っていて、顔に薄笑いを浮かべていました。フォールにはなぜか、この司祭のような恰好をした男が、ぶら下がっている男の睾丸を切り落とそうとしていることが、わかっているようでした。

またもや不思議なことに、フォールは平然とそこに行き、その男に面と向かって、「やめなさい！」と言ったのです。そしてさらに、ぶら下がっている男を指さして、ハッキリと「この男の人はぼくの連れだ。ぼくの道案内だ」と言いました。あたかも、だから放してやれ、と言わんばかりに。

その司祭のような恰好をした男は、ぶすっとしていましたが、従わざるを得ないと思ったようでした。樹から「宙ぶらりん」の男は、何が起こっているのかわからないらしく、不審な目つきでフォールをじっと見つめていました。

†††

それから、フォールは、どうしてだかもう覚えていないのですが、検問所に戻り、兵士たちと話していて、太平洋から大西洋に向かわなければならないこと、そのためには大陸を渡らなければならないことを、もう一度説明していました。でも、ここで、すべてがちょっとぼやけてきました。話しているうちに、やや右を向いたかと思うと、驚きのあまり動きが止まりました。

彼からほんの数メートル先に、母親の姿が見えたからです。

彼女は、十字路になった砂泥道路の左側を早足で、歩いていました。やや前かがみの姿勢で、まるで何かを必死で探しているかのような、真剣な目つきをしていました。フォールは驚きのあまり、物も言えず、突っ立っていました。あまりにも信じがたいことだったからです。

彼は思わず、「ママ、ママ！」と叫んで、彼女に駆け寄りました。彼女も振り向いて「フォール、フォール！」と言い、二人は何度も何度も抱きしめ合っていました。

それは、本当にリアルで、ものすごく温かい、情感のこもった瞬間でした。二人はお互いを抱きしめ、背中をさすり合っていました。フォールは何度も「ママ、ママ」と言いながら、彼女をギュッと抱きしめました。彼女は本当にそこにいて、触ることができて、何もかも感じることができました。不思議としか言いようがありません。こんなことが実際に起こるなんて、信じられませんでした。

フォールは母親を体で感じ、手で触れ、「こんなことがあり得るの？　彼女は死んだのに」とずっと考えていました。そして、彼女が本物で、生きていることを確かめるために、そっと彼女の脇腹をつねってみました。すると、不思議なことに、柔らかい肌の感触がフォールの指に伝わってきました……それなのに、彼の頭は大声で叫んでいました。「そんなはずはない！　彼女は死んだのだから……死んで、もういないのだから……こんなことあり？」

　ほんの一瞬でしたが、フォールはこの奇妙な現実に完全に圧倒されていました。でも、すぐにまた、愛の波が押し寄せ、それ以外はすべてどうでもいいことのように感じられるのでした。

　あまりにもすごい愛と、温もりと、感情と、慰め、安心、幸せ、喜びに包まれ、フォールは、それを言葉にすることができませんでした。表現しようのない至福感に満たされていたのです。

　でも、その時、彼女は心配そうな口調でこう言いました。「あぁ、フォール、本当によかった！　私たちはあなたを必死で探していたのよ！」

　フォールはそれを聞いて、びっくりしてしまいました。彼女の言い方は、まるでフォールが危険に遭っているみたいだったからです。でも、ちょっと待てよ！　今彼女は何て言ったの？　「私たちは？　私たちって？？」フォールは興奮して、期待しながら、尋ねました。「ママ、パパも一緒なの？」すると彼女は、楽しそうに笑顔で答えました。

「そうよ、もちろんパパも一緒よ！　でも、ちょっと遅れているの。すぐに来るわ。こっちに向かってるわ」

「あぁ、本当にママらしいな。ママはいつも一番乗りで、みんなの先頭に立っていたもの」とフォールは思いました。

フォールは大喜びでした。父親のことがいつも大好きで、尊敬していました。とっても仲良しだったのです。彼は父親の姿が見えるのではないかと、期待に胸を膨らませて、母親の来た方向を振り返りました。けれども、そこに見えたのは、がっかりするどころか肝をつぶすほどに、汚らしくて、ヨレヨレの白人の集団でした。

彼らはおかしなトロンとした目をしており、完全に立ち往生していました。まるで、自分たちがどこにいるのか、どこへ向かっているのかわからないと言った風情でした。彼らの歩き方は、どこかゾンビのようで、ふらふらしていて、互いにぶつかり合っていました。目は虚ろで、服は擦り切れたぼろ布のようで、その姿はおぞましいものでした。ほんの一瞬でしたが、フォールはその集団の中に父親がいるのではないかと、不安になりました。でも、良かった！　そこにはいなかったのです。彼は大きな安堵のため息をつきました。あんな惨めな立ち往生した群衆の中に父親がいるなんて、チラッとでも想像することすらできなかったからです。

†††

再び、場面が変わり、すべてはぼやけてきて、いつの間にかフォールは、新鮮に輝く果物や野菜が積み上がった細長い木のテーブルの前に立っていました。母親は近くにいるはずでしたが、姿は見えませんでした。でも、彼らは既に次の旅に出る準備をしているようでした。しかも、今度は三人一緒に。フォールには、自分が父親を待っていて、来たら、一緒に旅に出るんだと、なぜかわかっていました。

テーブルの上には、空の段ボール箱が置いてあって、フォールはそれに、目の前に積み上がった野菜や果物を詰め込み始めました。真っ先に詰めたのは、あのトラックから落ちたナスでした。

彼は箱の中にマイタケや、美味しそうに熟したオレンジやミカンなどの果物をいっぱい詰め込みました。まるで、道中必要な食料品をすべて詰め込むかのように。もうこれ以上入らないほどになった時、大柄の黒人兵士がやって来て、不審そうな目つきで箱の中を覗き込みました。

フォールは落ち着き払って兵士の方を向くと、説明を続けました。自分にはその権利があって、何もかも済んでいて、問題はないのだ……と。

その兵士はブスッとしていましたが、特に何も言わず、突っ立って見ているだけでした。あたかも、フォールを行かせないわけにはいかないのだが、何とかして邪魔をしようとするかのようでした。

フォールは返事をしない方が良さそうだと思い、再び黙っていると、思いもかけないことが起こり、びっくり仰天してしまいました。突然、空中から、それも上の方から、大きな声がとどろいてきたからです。

「ここで、爆発だ」

それは、まるでもう一つのエピソードにつながる最後の場面のようでした。

……そこでフォールは目が覚めました。

†††

なんてこった！　がっかりだな……彼はまだ目覚めたくありませんでした。目は開けましたが、「あの」世界にどっぷり、しかも意識的に浸かっていたために、自分がどこにいるのか分からなくなっていました。心はいつも「あそこ」に引っ張られていました。「あそこ」に戻りたくて仕方がなかったのです。

「……でも、『あそこ』ってどこ？？」フォールは不思議で仕方がありませんでした。「あの二つの大きな水、二つの海の間にある場所は、何を表しているんだろう？この世から『あの世』に通じる海峡というか、道なんだろうか？

そう考えると、ママとパパが『通り』を歩いているのも不思議はないな。ママもパパも、数年前に亡くなっちゃったから。だけど、ぼくまで、どうして？」フォールは考え込んでしまいました。「なんで、ぼくが入れたんだろう？　兵士たちはどうして、ぼくの要求を断れなかったんだろう？　だいいち、ママとパパがあんなに必死でぼくのことを探していたのは、どうして……？　ぼくはそこまで危なかったのかなぁ？　それは、『あちらの世界』に行こうとしてたから？？　……それに、ママは！！　すごくリアルで、触れて、肌で感じられて……どうやって？　どうなってるの？？」

疑問が次々と湧きあがり、まるで怒涛のように押し寄せて来るのでした。すると、不意に、別のことが気になり始めました。あの運転手はどうしたんだろう？　あれっきり、姿を見てないような気がするけど。あの可哀そうな男の人は、「あの世の」掟に背きながらも、ナスをフォールの目の前に落として、道案内をしてくれたのでした。「あそこ」で……ムムム……すると、あの人もガイドだったの？？　だけど、それなら、どうしてぼくは、戻って自分のガイドを助けなくてはならなかったんだろう？　それって、あべこべじゃない？

疑問だらけで、感情も溢れ、理性では説明のつかない、耐えられないほどに現実離れしたことばかりでした。

うとうとしながらも、まどろみのなかで思ったことは、「……あの虚ろな目をした、立ち往生したような人たちは……目的地にたどり着けない『失われた魂』なんだろうか？？？　……あの人たちは……あの人たちは……」そのまま、フォールは深い眠りに落ちていきました、夢を見ることもなく。

†　†　†

明け方に、フォールの耳元でささやく声がありました。「彼らはね、境目をさまよっている魂なのだよ……手放すべきものに執着していると、つまり、自分の肉体や欲望に執着していると、そうなるのだ。境目にいる……この世に縛られて……安らぐことのできない霊だ……」フォールは、朦朧としていて、言葉を聞きとることができませんでした。「この世に縛られた魂……高次の霊《スピリット》の世界にたどり着くために、われわれの愛とあわれみを必要としている」

フォールは一所懸命目を開けて、耳をそばだてていましたが、エムがささやいているのだとわかると、すぐに起き上がってベッドに座り、目を擦りました。

「フォール、救助者になりたければ、まずこの世に縛られた魂と交信する方法を学ばなければね。彼らの恐怖や不安を鎮めてやり、高次の世界に導いてやる必要があるのだよ。そのためにはまず、お前自身が落ち着いていなくてはね。落ち着いて、あわれみと理解をもってね。たいていの場合、彼らはどうしていいか、どこへ行けばいいかわからないのだ。自分が死んだということすらわかっていない魂もいっぱいいる。だから、優しく教えておやり」

「な、なんだって？　まさか……ぼくが、彼らに死んでいることを伝えるの？？」

「そうだ、優しくね」天使は答えました。「彼らは混乱している。事態が呑み込めてなくて、そのために、高次の世界に行くことを拒否しているのだ。住み慣れたこの世に執着していて、離れようとせず、それゆえに、この世に縛られたままなのだ」

「わぁ……」驚きのあまり、フォールはか細い震える声でつぶやきました。「それで、エムさまは、ぼくにそんなことができると思っていらっしゃるんですか？」

「できるとも、フォール。お前はあわれみの心をいっぱい持っているし、絶望や抑鬱や恐怖、怒り、悲しみの中で……愛のない中で、死ぬことが、どれほど恐ろしく不安かを、わかっているからね。誰にも愛されずに死んでいく人のことを想像してごらん。彼らを導く光におなり。さまよえる魂を導く灯台におなり」そう言って、エムは去っていきました。

可哀そうなフォール……彼の小さな肩に、何と大きな重荷がのしかかってきたことでしょうか！

フォールはあまりに圧倒されて、その日はもう茫然自失状態でした。それから、やっと、大事なことを訊きそびれてしまったことに気が付きました。あの壮大な旅の終わりが、なんで爆発だったんだろう？　だいいち、あの「爆発」は何？

再び宵闇が迫り、フォールは少し不安になりました。今夜はどんなことが起こるんだろう？

†　†　†

月の光が優しく射してきて、彼の部屋を照らし、微かな光が揺らめきながらフォールの顔にそっと触れました。いつの間にか寝入っていたフォールは、明け方に大きくとどろく男性の声で、目が覚めました。

「彼らは1秒をとって
10億分の1秒に分けた。
その爆発の中で
他の宇宙のイメージが反転する」

それは、男性の、いかにも自信に満ちた強い声で、あたかも大きな「真理」を宣言しているかのようでした。しかも、それは部屋の中から生まれて、それもまるで、眠っているフォールの脳みその中で鳴り響いているかのようでした。

「一体全体、何のこと？」そんなことを何度も頭の中でつぶやきながら、フォールは目を覚ましました。

「10億分の1秒？　爆発？　宇宙が反転？」フォールには科学的素養があまりないので、こんなメッセージをもらっても、彼の知識や知能では、どうしようもないのでした。「物理学者ならわかるのかもしれないけど、ぼくにはねぇ……さっぱり……だけど、うーん、これはメタトロンが言いそうな言葉だなぁ。謎めいていて、暗号のようで、まったく不可解で……」

　でも、頭のどこか隅っこに引っかかるものがあったので、思索を続けました。

「また『爆発』だって……うーん、不思議だ。さっきの旅の終わりにも爆発があったな。そこで旅が終わって、このフィジカルな現実に引き戻されたんだ。もしかしたら、意識レベルが変わる時に、音速の壁みたいなことが起こるのかも知れない……他のアストラルな体験の時も、大きな音が鳴り響いて、次元のシフトが起こった。それなら、辻褄が合うじゃないか？　『彼ら』の次元から、ぼくの『目覚めた』次元に戻った時だ。そうか……だけど、さっきの暗号めいた言葉は何だろう？『その爆発の中で、他の宇宙のイメージが反転する』って？？　どういうことなんだろう……」

　考えに耽っていると、突如力強い声が響いて来ました。

「時間を『分ける』と、爆発して、逆さまのイメージの中に、次元の異なる宇宙が

現れるのだ」

「あぁ、やっぱり！　メタトロンさまでしょう！　あなたに違いないって思ってたんですよ。あんな暗号みたいな謎をくれる天使は他にいないもの」とフォールは少し心配そうにつぶやきました。

メタトロンはいつも、フォールにはわけのわからない謎めいたメッセージをくれる、最も手ごわい相手でした。そして今まさに、メタトロンは、華々しくフォールの脳裏に登場したのでした。

「で、フォール、どうしている？」と大天使は尋ねました。

フォールは、大天使の問いかけに、一瞬戸惑いました。自分の気持ちが矛盾だらけだったからです。両親に会えたのは嬉しかったけれど、「死者の国」で何が待っているかと思うと、恐ろしくてたまらないのでした。

「ええと」と彼は言葉を繋ぎました。「ぼくは、わからないことだらけの中で揺れていて、自分の知性や思考の限界を感じているんです……というか、何もかもがぼくの限界を超えてるんです」

とどろくような笑い声が、フォールの脳裏に響きわたりました。

＊肌の色は、あくまでも夢で見たままを書いたものです。私自身は、肌の色に関係なくどの民族も好きですが、兵士が黒人なのは、その当時見た映画「ブラック・ダイヤモンド」が強烈に印象に残っているためでしょう。

＊＊フォール1&2「メタトロン」参照

メタトロン

「われわれは、お前のすべての質問に答えるためにいるわけではないよ、フォール。それは、われわれの仕事ではない。だが、優柔不断なお前の頭を軌道修正することはできる。たとえば、頭を正常に機能させるようなヒントを与えるとかね。

フォール、今こそ細心の注意を払う時だ。

映し出されたものは、小さな枠の中に広いスペースを持つことができる。鏡を考えてごらん。小さな鏡の中に、山々や谷や空がパノラマのように映っているじゃないか。それでいて、フォール、**鏡の中ではすべてが逆さまだ**」

フォールは崖っぷちに立たされているような眩暈《めまい》を感じました。そして、いら立つような口調で言いました。「それが答えなんですか？　言葉以上に謎が多くて、暗号みたいじゃないですか。どうやって理解しろって言うんです？」

「われわれが植えているのは、理解の種なのだよ、フォール。お前の認知機能が増幅されて、『物事』がもっと深く見えるようになることを願っているがね……いつになるかねぇ！」

からかうような、豪快な笑い声がフォールの脳みそを揺さぶりました。「頑張って、フォール」そう言って大天使は去っていきました。フォールは頭を抱え込んでしまいました。メタトロンの手ごわさは相変わらずでした。


普段なら、フォールは見た夢を思い出し、天使たちの教えを考えながら、日中の多くの時間を過ごすのですが、今回ばかりは、ピンチに立たされていました。メタトロンの言葉を考えれば考えるほど、わからなくなるのでした。「ま、いいか。『彼ら』が植えているのは理解の種だと大天使は言ってたから。どうせ、種は成長するまでに時間がかかるしね……」とフォールは、半ば開き直ってつぶやきましたが、実のところは、しょげ返っていたのでした。

「フォール、そう絶望することはないさ」天使エムが声を掛けました。「わぁ、エムさま、感謝です！　いらしてくださったんですね！　ぼくはどうすればいいんですか？」

「やぁ、まずは、感謝してくれて、ありがとう」ソフトな笑い声がフォールの脳裏に響きわたりました。「それとね、一度に何もかもわかる必要はないさ。何しろ種なのだから。時が経って、経験を積めば、物事はわかりやすくなるさ」

フォールは頭を上げ、弱々しく答えました。「エムさまがそうおっしゃるなら。いつか、わかる時がくるのかも……神のみぞ知るだけど……」そう言って、フォールは大きくため息をつきました。

すると、大きな声が空中に響いて来ました。

「いつでもいいよ、フォール。いつでも呼んでおくれ」至高の神の陽気な声が彼の脳裏に響き渡りました。いつになくおとなしく、フォールは弱々しい声でつぶやきました。「あぁ、はい、至高の神さま……ごめんなさい……また……みだりにお名前を呼んでしまいました……」ほかに言葉が見つかりませんでした。

「気が動転するのも無理ないさ、フォール。さっきの旅ではよく頑張ったじゃないか。うろたえずに、自分に投げかけられたことに立派に対処してたじゃないか。あの体験の最中、ほとんど意識していられたということ自体、お前の手柄だ。しかも、それをほぼ完全に覚えていられたということは、実に称賛に値する。次の段階に進んでよろしい」

フォールは、用心深く答えました。「次の……段階？　次の段階って？？」でも、あたりは静まり返っていました。彼らは消え去り、フォールは一人で大きな不安に取り組まなければなりませんでした。

†
†
†

数週間が過ぎ、フォールがやっと平凡な日常生活を取り戻した矢先に、思いがけなくも、それは起こったのでした。まさに青天の霹靂でした。

彼は、いつしか眠り込み、急に辺りがひんやりしてきました。

「誰か助けて！」魂の回復

最も低くて濃い次元に落ちた最初の体験と同じように、空気は冷たく、微妙に「違って」いました。フォールは用心深く、フィジカルではない目を開けました。そして、自分が暗くて冷たい、恐らく最も低い、エセリックな次元にシフトしてしまったことに気が付きました。彼はベッドの中にいましたが、部屋は微妙に違っている感じで、しかも真っ暗でした。

次はどうすればいいんだろうと考えていると、いきなり顔に叫びを浴びながら、誰かに肩をわしづかみにされました。姿は見えず、何を叫んでいるのかもさっぱりわかりませんでしたが、男の人の声のようでした。その姿の見えない男は、激しくフォールの肩を揺さぶりながら、叫び続けていました。フォールはパニックになり、同じく叫び始めました。

彼は叫びながら、この執拗なエネルギーの向きを変えるために、空中を切るように腕を伸ばして身を守ろうとしました。「あっちへ行け！　あっちへ行け！　ここにいちゃいけない！」

しかし、男はびくともせずに、ものすごい力で、フォールの肩を揺さぶり続けました。フォールは文字通り、死ぬほど怖くて、何とか冷静になろうとしていました。そうこうするうちに、男が何を叫んでいたのかがやっと聞き取れるようになりました。それは、切羽詰まった男の必死の叫びだったのです。

「早く助けてくれ！　早く、早く！　頼む！　誰か助けて！　早く助けて！！」

フォールは、この「助けて！」の叫びにちょっとびっくりしましたが、怖がりながらも、頭では何を言うべきか、何をするべきかを夢中になって考え始めていました。天使たちの教えを必死に思い出そうとしながら。しかし、男はなおもフォールの肩をすさまじい力で揺さぶっていたので、フォールはこのパニクったエネルギーがまたもや怖くなり、やっとの思いで言葉を発しました、と言うより、叫んでいました。

「もっと上に行きなさい、上に！　もっと高いところに行かなくちゃダメ！」彼は何度も何度も、それを繰り返しました。

するとフォールの目の前に、イメージが現れ始めました。それは、とてもはっきりした車のイメージで、氾濫した川にどっぷり浸かっているのでした。男がそのイメージを自分に送っているのだとわかりました。


その車はえんじ色で、氾濫した川の水にフロントから半分沈みこんでいました。この男は、車の中に閉じ込められたまま、どんどん水かさが増して、死にそうでパニックになっていたのでした。だから、彼は必死で助けを求めていたのです。

それどころか、この男は、もう死んでいるのに、それがわかっていないのでした。

フォールはそれを知ると、水かさが増していく中での男の苦しみと恐怖が感じられ、助けてあげたいと思いましたが、すべてはあまりにも彼の力を超えていました。それに、そもそも目が覚めてしまっていました。

†††

フォールは灯りを点け、ベッドの上に座って、落ち着きを取り戻そうとしました。このシュールな体験にあまりに動揺していて、胸の動悸が収まりませんでした。でも今は、自分の取った行動をちょっと恥ずかしく思い、この次はもっとちゃんと、もっとあわれみを示そうと誓ったのでした。

彼は、『光』でぼくをお守りください」と祈りましたが、またもや眠り込んでしまい、いつの間にか再び「そこ」にいました。

男はまだそこにいて、しきりに早く助けてと叫んでいました。その男にもう死んでいることを教えてあげなくてはいけないことがわかっていましたが、フォールにはどうしてもできませんでした。その男は本当は死んでいるのに……あぁ……それなのに、まだ必死で生き延びようとしていたのでした。

フォールは、もっと落ち着いて冷静に、「ここはあなたのいる場所じゃない、もっと高いところに行かなくちゃ」と男に伝えようとしていました。その後のことは覚えていないのですが、ものすごい冷気を感じて目が覚めました。

彼はベッドの上に座り、両手を肩に回しました。まだ男の手の感触が残っていて、思わずため息が漏れました。「ぼくはしくじったんじゃないかなぁ。あの男の人の激しさに怖気づいて、意識的に行動するどころか、パニックになっていたような気がする」

フォールは後悔でいっぱいでした。そして、数週間前に自分の家からそれほど遠くない所でひどい洪水があって、たくさんの人が亡くなったことを思い出しました。もしかしたら、あの男の人はあの時に亡くなった人ではないかしら……そう思うと、ますますフォールは後悔の念に苛まれるのでした。
フォールは大きな声で呻いてしまいました。「ぼくにはできない、ぼくには無理だ……ものすごかった。エネルギーを全部吸いとられた。ぼくは……」

すると、優雅な声が彼の思いを遮りました。
「インナースペース（心の深み）から、言葉を流れさせなさい。
流れるままに、溢れるままに。
溢れる祈りの言葉を、悶えている魂たちに注いでおやり。
彼らに伝えておやり、お前の『恵み』を与えておやり。
彼らに言っておやり。

『**愛の恵み**を、**神の恵み**を受けよ。
もっと高いところに行けますように。
あなたの心に宿る**愛**を見ることができますように。

闇を照らす**恵み**に気づくことができますように。
影を振り払う**光**を見ることができますように。
その**光**が、あなたをもっと高いところに、導いてくれますように。
天使たちが歌い、あなたの魂が喜ぶところまで。

光を浴びよ。
神の恵みを浴びよ。
神の恵みをあなたに捧げます』

これがお前の唱える言葉だ」

フォールはびっくりしました。それが誰だか分かったからです。そのソフトで、しかも力強い声が誰かを。それは本当に久しぶりでした。「チャミュエルさま……」フォールはささやきました。「また、来てくださったのですね……」*

声のぬしは、親し気に答えました。「フォール、困ったときはいつでも呼んでおくれ。われは大天使チャミュエルである。第三の聖なる光である。われわれは助けるために、導くためにここにいる」

フォールは、またチャミュエルに会えて、大喜びでした。でも、訊かなくてはならないことが一つありました。

「チャミュエルさま……どうやって人に恵みを与えられるんですか？　自分が持っているかどうかもわからない時に……」

大天使は答えました。

「フォール、人は皆、自分の中に恵みを持っているのだよ。

お前たちは皆、恵みの箱なのだ。

ただ、灯りを点けるのを忘れているだけだ。

自分の持っているものが見えていない、と言うよりも、

自分が本当は何者なのかが見えていないのだ」

フォールはまだ確信が持てずに、思わず口走りました。「でも、ものすごい力が必要なんですよ。あまりにすごくて、吸い込まれそうで、ぼくの手には負えません。ぼくの出番なんてないですよ……」フォールは躊躇いながら、続けました。「ぼくは他の人に比べて、すごくちっぽけに感じます。ぼくよりはるかにましな人が、ぼくよりはるかにうまくやれる人が、絶対に……いますよ……」

大天使はすかさず切り返しました。

「フォール、この際、と言うよりいつもだが、他人は関係ないよ。これこそは、すべての人間の苦悩の種だ。わたしの言うことをよくお聴き。

フォール、『**お前は他人と比べるから苦しむのだ**』

それが、全人類の苦悩の源だ。

この純然たる事実を覚えておき。

わかるかい、フォール。お前たちは比較するから苦しいのだよ。

『他人』は他人だ。そしてお前は、『お前』でありなさい。

フォール、覚えておおき。比較するから苦しむのだということを。お前たちは比較するから苦しいのだ。これ以上言うことはない。そこが思案のしどころだ」

そう言って大天使は去っていきました。

†††

フォールは面食らってしまいました。大天使の言葉は、純粋な真理の音色で、彼の内面の隅々に鳴り響いていました。「お前たちは比較するから苦しいのだ……」なんという真理！　彼は畏敬の念を覚えました。

「比較するのをやめれば、お前の世界は全く違ったものになるよ」

優しい声がフォールの耳元でささやきました。エムがまた来てくれたのでした。エムがそばにいてくれると、フォールはいつも安心するのでした。彼は大きなため息をつき、つぶやきました。「エムさま、ぼくにもそれはわかるんです……それが真理なんだということは深く身に染みています。そのことはじっくり考えようと思っています。お約束します、後で、必ず、必ず。でも……でも……」

「どうしたの、フォール？　はっきりお言い」

　フォールは深呼吸して、吐き出しながら、言いました。

「ぼ、ぼくには……できません……ごめんなさい、エムさま、ぼくにはできないんです。ぼくには恐ろしくて、ぼくの手には負えません。ぼくは、本当に、怖いんです、エムさま」

「あぁ、あの低い次元にいる肉体を離れた霊たちのことだね。彼らはね、『愛』を必要としていて、無意識のうちに助けを求めているのだよ。ただ表現の仕方が普通と違うだけだ。確かに。だが、怖がる必要はないよ」

「怖がる必要はないって？？　どうして、怖がらずにいられるの？　あんなに怖いことはありませんでしたよ」

　天使はきっぱりと答えました。「すべては想像の産物だ、フォール。お前が作り出しているのだよ」

その答えに、フォールはすっかり混乱してしまいました。そして早口でまくしたてました。

「そんな！　あれは本当だったんですよ！！　男の人がものすごい力でぼくの肩を揺さぶったんです。ぼくは殺されるかと思いました」

「ほらね、自分でそう言ったじゃないか。殺されるかと『思った』って。**お前が怖がっているのはお前の『思い』だ。お前はいつも自分の『思い』に怯えているのだよ。お前が恐れを手放さないからだ**」そう言ってエムは去っていきました。

†††

フォールは、がっかりし、違う、そんなんじゃないと思い、頭の中では「そう言うのは簡単ですよね、あなたは天使なんだから」と叫んでいました。けれども、その時には、彼はもうくたびれ果てていました。あまりにもいろいろなことが起こり、あまりにもたくさんのエネルギーを消耗してしまいましたから。

「ダメだ、もうクタクタだ。充電しなくちゃ」そう思うや、フォールはいつの間にか、眠りのヴェールに包まれていきました。

そこへ、イーグル（鷲）がやってきたのです。何という夜でしょう！　ウキウキするようなことが次から次へと起こるのでした。それはすべてイーグルの夢で始まりました。

＊フォール1、p.102、132「大天使チャミュエル」参照

イーグル（鷲）の夢

フォールはホームステイの留学生として外国に来ていました。ステイ先の父親がフォールを二階に案内し、出窓から見える景色が如何にすごいかを話しました。二階に上がると、フォールはその出窓に駆け寄り、扉を開けました。

なんと素晴らしい景色でしょう！　ところどころ雪に覆われた、神々しいほどに輝く大きな山々が遥か彼方なのに、すぐ近くに見えるのでした。紺碧の空とキラキラ光る雪。目にする色はどれも、信じられないほどの光と輝きを放っていました。

数頭の白熊が山の斜面を歩いていました。一頭は母熊のようで、子熊を連れていました。こんなに遠くから見ると、それはとても小さく、平和そのものでした。ふと、家の中庭の方に目をやると、すっかり葉の落ちた大きな樹が、枝を広げてまっすぐに立っていました。そして、中ほどの枝分かれしたところには、大きな鷲が止まっていました。巨大なイーグルです。その大きな鳥ははるかかなたの山々を眺めているかのように、フォールに背中を向けていました。彼がうっとり見とれていると、そのイーグルは、少しずつ歩み寄ってきて、くるっと時計回りに向きを変え、フォールの真ん前で止まりました。威風堂々としたそのイーグルは、フォールの目をまるで射貫くかのように、鋭く、じっと覗き込んでいました。

フォールはその場にくぎ付けになりました。動くことができなかったのです。ものすごく不思議な力で、刺し貫かれたみたいでした。視力が高まった感じで、細部までが驚くほどよく見えました。イーグルの力強い足はふわふわした毛で覆われていて、その目は、刺すような鋭い目つきでした。

互いに身動きもせず見つめ合っていましたが、突然、イーグルがその大きな翼を力強く広げました。なんという大きさ！　その巨大さは、これまで見たことのないものでした。

イーグルは翼を大きく広げたまま、フォールをじっと見つめていました。そして、フォールの心に語りかけました。彼の霊《スピリット》に呼びかけていたのです。フォールは至福の思いと平和と愛に満たされました。それは得も言われぬ感覚でした。あまりにも素晴らしくて、素晴らしすぎて、なんて素晴ら……ここで、フォールは目が覚めました。まだ意識は朦朧としたままで。

†††

瞼は重く、とても目を開けていられませんでしたが、心は畏敬の念でいっぱいでした。「イーグルは飛んでいかなかったな！」そんなことをあれこれ考えながら、彼は再び眠りに襲われ、もう一つの不可思議な夢に引きこまれていきました。

イーグル（鷲）の贈り物

フォールは部屋の中に立っていました。他にも人がいましたが、彼らの姿はよく見えませんでした。フォールは額に入ったものすごくきれいな絵をもらいましたが、それがどれほど大きな栄誉であるかもわかっていました。その絵はおよそ50×80センチの大きさでした。

それは本当に特別な気分でした。「彼方」（彼岸）からの贈り物だったからです。絵をよく見ようとすると、どういうわけか、すべてがぼやけてくるのでした。それでいて、中に描かれているのが女性の顔であることは、何となくわかりました。でも、くちばしがついているのです……女性のイーグル？？　どういうわけか、フォールは嬉しくてたまりませんでした。ぼくのような人間がもらえるなんて……

それがどれほど神聖なものであるかを彼は知っていました。

するとと場面が変わって、フォールは地上一メートルくらいのところに浮いている大きなクッションに、足を組んで座っていました。辺りを見回しましたが、暗く霧がかかっていて、良く見えませんでした。ところが、暗がりの中からゆっくりと、とてつもなく大きなくちばしが、目の前に現れてきました。そのくちばしは、そっとフォールの唇に触れ、あたかも口の中に何かのエネルギーを注ぎこもうとしているかのようでした。それは二～三分続いたでしょうか。感触は心地よく、フォールは、自分が再びギフトをもらったのだと気づきました。心の底から深い感謝の思いが湧きあがり、彼は思わず叫んでいました。「ありがとうございます！　ありがとうございます！」すると、どうしたことでしょう！　彼の顔まで、くちばしになってしまったのです。それは、とても不思議な感覚でした。あまりの不思議さに、彼は思わず両手を顔に当てました。そして、その動きで目が覚めました。彼は当惑しながらも、心は喜びでいっぱいでした。口移しでエネルギーをもらえるなんて！

何でこんな体験をさせられたんだろうと、一所懸命考えようとしましたが、またもや眠気に誘われ、意識が朦朧としてきて、もう一つの夢に引きこまれていったのでした。それは、アドレナリンを注入される不思議な夢でした。

殺し、そして解放

フォールは、長いゆったりとしたローブに身を包んだ白い顎髭のインド人のヨーガ行者の後について、神妙な面持ちで歩いていました。その行者は偉いガイドの一人なんだということが、何となく彼にはわかっていました。

不意に、行者は大きな刀を手にして、素早くフォールの方に向き直ったかと思うと、一瞬のうちにフォールの体を斜め上から下まで切ったのです。左の肩から右足に向かって。

フォールは、驚きのあまり、無感覚でそこに立っていましたが、切られた爪先から若いイーグルがにわかに現れ、フォールの眼前を飛び立っていきました。何が起こったのか信じられないといった目でフォールを見つめながら。そうです、ついに解放されたのです。こんなにも早く、こんなにも突然に。

†††

フォールは嬉し涙を流しながら、目を覚まし、手で涙を拭いました。体中の筋肉が痛くてたまりませんでしたが、嬉しくて、思わず叫んでしまいました。「やったぁ！　解放されたんだ！　重しが取れたんだ！」

すると、嬉し気なささやきが聞こえてきました。「今なら、飛べるね……」

フォールは興奮で胸がドキドキしました。「飛べる？　本当に？？　おぉ！　エムさま！　アストラル界にシフトした時は特に飛びたくなるんですよ。また、飛べるチャンスが来るの*？」

「もちろんだとも。だけど、その前にやることがあるよ」「や、やることって？？」

フォールは用心深く尋ねました。「そうだ、フォール、仕事だ」そう言って天使エムは去っていきました。

それがどういう意味かを、フォールは薄々感じていました。だからこそ、「充電」してもらえたのだということもわかっていました。イーグルの贈り物はどれもみな、自分には理解しがたい深い意味があることを、彼は感じていました。彼の心は感謝でいっぱいでした。本当にありがたいと思っていました。

それなのに、フォールの思いはまたもや、あの不快な疑念の湿地で揺れ惑っているのでした。

今度こそ、勇敢にならなくては、前みたいにしくじらないで、もっとあわれみを示さなくてはいけないことはわかっていました。でも、本当にやれるでしょうか？？　あれは確かに凄まじい体験だった。紛れもなく強くなったと、全く新しい、ワクワクするような迸るエネルギーを充電してもらえたと感じていましたが、またあんな恐ろしいことが起こったら、平静でいられるか自信がありませんでした。

すると、そんな思いを遮るように、大きな声が響いて来ました。

「昨夜は忙しかったよねぇ、フォール」

フォールはドキッとしてしまいました。「おぉ、至高の神さま……こんにちは」

フォールはおずおずと答えました。さっきの自信のなさに、ちょっと気が咎めていて、落ち着かなかったからです。「そうなんです。目が覚めた時は手足がクタクタでしたけど、気分はスッキリしています」

「よろしい。では、次の段階に飛び込んでみてはどうかね？」

フォールは躊躇っていました。なんで、いつも素直に「はい」って言えないんだろう？　ぼくは本当に「あれ」に……「あれ」ってなんだろ？　準備できているんだろうか？と。


そこで彼は、気のない返事をつぶやきました。まるで時間稼ぎをするかのように。

「えーと、至高の神さま、えーと、イーグルたちがやってきました……」

「そうだね、フォール、イーグルたちがやってきたね。知ってるよ。彼らはお前の歴史の、古い歴史の一部だ。**系統は時を永劫に遡る**」フォールは思わず頭を上げました。「系統？？」その言葉に興味をそそられ、驚いて尋ねました。「フォール、そこに集中するのはおよし。今はその時じゃない。昨晩の出来事は、お前の背中を押すためだ。お前にはやるべきことがある。それとも、気が変わったのかね？ いつだって手を引くことはできるのだからね」

「違います、違います、至高の神さま」フォールは慌てて答えました。恥ずかしさが込み上げてきました。「違います。やります。最善を尽くします」

すると、至高の神は切り返しました。「『最善』というものはないのだよ、フォール。どうしてだかわかるかい？ **いつも、さらに善くできるからだ**。毎日、来る日も来る日も、『さらに善くする』必要があるよ。お前の言う『最善』よりも善くする必要がね……どう？ ……やる気になったかね？」

フォールはやり込められて、恥ずかしくなりました。ぼくは至高の神さまをがっかりさせたのかしら？ そんなことがあってはなりませんでした。「わ、わかりました」けれども、フォールの声は恥ずかしさに、弱々しくなっていました。

至高の神は優しく付け加えました。「フォール、誰もそれが簡単なことだなんて言ってないさ。だけど、価値のあることだよ。それに、お前を飛躍的に成長させてくれるよ。それはお前も望んでいることじゃないかね？」


この問いかけに、一瞬どんよりとした沈黙が漂いました。なんて答えればいいのだろう？　でも、確かにそれは、彼の望んでいることでした。フォールは気を取り直し、ハッキリと答えました。「はい、至高の神さま。恐れも疑念もありますけど、それはぼくが心から望んでいることです」

「では、**やる気があるんだね。本当にやる気があるんだね**、フォール？」

フォールは、感謝のあまり涙が込み上げてくるのを抑えながら、決意もあらたに答えました。「はい、主よ、ぼくはやる気です」

「よろしい。それなら話は決まった」

そう言って、至高の神は姿を消しました。フォールは、深く考え込んでしまいました。何が起こっているのか知ろうとするいつもの気持ちを抑えて、成り行きに任せることが大事だと、彼にはわかっていたのでした。

†††

数日が過ぎ、フォールは落ち着きを取り戻しました。自分はひとりぼっちではない、必ず救いの手がある、姿は見えないけれど、何らかの形でそばにいてくれるとわかったからでした。

一筋の月明かりが窓からそっと射し込んでいました。フォールは眠気に襲われ、吸い込まれるように、深く深く落ちていきました。

＊「フォール２」p.１７９以下参照

少女たちの魂の回復

フォールはちょっと目を開けてみました。すると、もう彼はフィジカルな世界にはいないのでした。

空気は重たく、まるで暗い影がのしかかってくるみたいでした。ベッドはいつものベッドなのですが、部屋は違っていて、だだっ広く、殺風景で、家具らしい家具もなく、真ん中に小さな木の椅子があるだけでした。自分のいる位置を確認しようと辺りを見回すと、部屋の反対側に、ぼろ布のような衣服を纏った人々が突っ立っているのが見えました。

大勢いましたが、全員が死者たちであること、しかも、「誰か」に呼ばれて来たばかりの人たちであることが、なぜか彼にはわかりました。くすんだ、ゾンビのような人々はどんどん増えてきました。フォールは口がカラカラになるのを感じました。頭のどこかで、どうか彼らがぼくのために来たわけではありませんように、と必死で祈っていました。

恐怖感が喉元まで迫り、じっとしているのがやっとでした。「ぼくはどうすればいい？　どうしたらいいいんだろう？」恐怖に震えながら、考えていると、二人の女の子が近くに見えました。一人は四歳くらいで、もう一人は八～九歳くらいでしょうか。二人はベッドの周りをうろつきながら、触りに来るのでした。

それはまさにゾッとする体験で、なお不気味なことに、その子たちの顔には、異様なまでのニタニタ笑いが浮かんでいました。

その子たちを高い方の次元に引き上げてやらなければならないことは、何となくわかっていましたが、今は怖くて、それどころではありませんでした。

それでも、やっとの思いで勇気を振り絞り、幼い方の女の子に声をかけてみることにしました。この時点では、全体がぼやけてきて、細かいことは思い出せないのですが、おチビさんに反対側の光のある方に行けば、お友達と遊べるし、家族も待ってるよと言ったような気がします。驚いたことに、その女の子はフォールの言うことを聞いて、巾木《はばき》の辺りから来る微かな光の方に歩いていきました。

するとと、何と言うことでしょう！　今度は、年上の方の女の子がいきなりベッドに飛び乗ってきて、フォールの上に両足で乱暴に跨ったのです。フォールは恐怖に震え上がり、毛布の下で固まっていました。女の子は、馬乗りになったまま、大声で笑いながら、まるでホラー映画から出てきたようなその不気味な顔をフォールに向けました。

フォールは、恐ろしくて仕方ありませんでしたが、それを顔に出してはいけないとわかっていました。そんなことをしたら本物の悪夢になってしまいますから。恐れを見せてはいけないのです。

そこで、彼はそれをゲームにしてしまおうと思いました。ベッドカバーを引っ張って、ふざけるように被り、カバーと毛布の下から、さりげなく遊んでいる振りをして、言いました。「おい！　今度遊びたいやつは誰だい？　今誰が乗っかってきている？」驚いたふりをして、顔をしかめながら、ベッドカバーを下ろし、女の子の不気味な顔を見ると、どうもゲームが気に入ったようでした。でも、もうこれ以上ベッドの上で馬乗りにされてはたまらないので、彼は殆どがらんどうの部屋の真ん中にある椅子を指さし、威勢よく言いました。

「そうか！　君だったのか！　じゃあ、あの椅子にすわろうよ」

この時、どういうわけか、ベッドは既に部屋の反対側の壁に移動させられていました。そして、その壁には、右手に小さなドアがあって、少し開いていて、そこから光が射していました。それほど明るい光ではありませんでしたが、部屋が薄暗かったので、光は歴然としていました。

フォールは自分が金縛りにもなっていなくて、すぐに動き回れることがわかると、椅子に近寄り、女の子をゲームの続きみたいに椅子に座らせました。そして、その前にかがみ込むと、驚いたことに、彼女に優しく語りかけたのです。

怖がっていた自我意識の霧が晴れて、フォールの心に真のあわれみが宿ったようでした。そして、不気味な顔の裏に隠れた女の子の真の姿を見ることができたのです。それは……低いエセリックな次元に閉じ込められ、混乱し、退屈した、寂しい女の子。恐らくは、退屈しのぎに悪戯をし、人々を怖がらせて楽しんでいる孤独な女の子の姿でした。彼女はたった一人で、この果てしない、恐ろしい空間に閉じ込められながら、自分に何が起こっているのかが分かっていないのでした。可哀そうに！　彼の心は思わず彼女のもとに駆け寄っていました。

「君はもっと高い次元に行かなくてはいけないよ」行けば、そこでは友達や家族が待っていてくれて、どんなに楽しいかを、フォールは話して聞かせました。そうすれば、また前みたいに遊べるし、前に大好きだったこともできて、また幸せになれるよ、と伝えたのでした。

何とかして、あのドアまで行かせなくてはと彼は思っていました。女の子は最初は嫌がり、抵抗しましたが、ついには彼の言う通り、微かに光がこぼれるドアの方に歩いて行きました。

†††

フォールは、胸が締め付けられるような思いで、汗びっしょりで目が覚めました。頭の中は次々に押し寄せる疑問でいっぱいで、答えを必死に探していました。

心臓がドクンドクンと激しく脈打ち、彼は思いを言葉にすることができませんでした。何度も何度も思い返した挙句、やっと、落ち着きを取り戻し、自分のやったことを総括しなければならないと思っていました。自分はちゃんとやれたのだろうか？　あれで良かったのだろうか？　あの女の子たちは、本当に光へと向かって行ったのだろうか？「とにかく、今回は少なくとも愛があったよね……愛を込めてやったよね！　心に愛を感じていたから」そう思うと、彼の目は希望に輝きました。

いつの間にか、彼の頭の中で泡がはじけるような、微妙な変化が訪れました。そうです、いつものように、エムの登場です。

「よくやったね、フォール！　上出来だ！」嬉しそうな声が響いて来ました。

「ゲームにしちゃうなんて、よく思いついたね。すごいアイデアだ！　ほらね、そんなに大変なことじゃなかっただろ？」

フォールは驚いて頭を振り、一瞬言葉を失いました。「タ、タイヘンじゃなかったって？？」思わず叫んでしまいました。「おぉ、エムさま、あんな恐ろしいことはありませんでしたよ！　オシッコが漏れそうだったんですよ！」

ククッと笑いを押し殺すような声が頭の壁に響きわたりました。「だけど、漏らさなかったじゃないか。ちゃんとあの子たちを低いエセリックな闇から、アストラルな世界に導いたじゃないか。最終的には少しずつ自分のペースで上がっていけるようにね。あの子たちは、お前のお陰で、前より幸せな場所にいるよ」

フォールはそのことを思い浮かべてみました。「本当に？」不思議で信じられないと言った声でした。「本当なの？」今度は、もっと抑えた声で。ゆっくりと笑みがこぼれてきました。

「本当だよ、フォール。アストラル界には他のヘルパーやガイドたちがいて、あの子たちをさらに高い次元に引き上げてくれるよ」

「他のヘルパー？？」フォールは、ちょっと息を切らせて尋ねました。声は驚きで上ずっていました。

「まさかヘルパーは自分一人と思っているわけじゃないだろうね？」

フォールは頭を振り、考え込みました。そんなこと思ってもみませんでしたが、エムの言葉で納得が行き、あの間、自分は一人じゃなかったんだと知って嬉しくなりました。「仲間」がいてくれたのです！

不意に、あることを思いつき、フォールはそれを口にしました。「エムさま、ぼくもヘルパーたちに、その一人にでも、会うことはできますか？　会えると嬉しいんですけど……無理なお願いでなければ……」

「もちろんだとも、フォール。だけど、多くのヘルパーには、実はもう既に会っているよ。アストラルな旅でね。お前が覚えていないだけだ。だから、お前の体験の記憶はまだ不完全ということだ。だが、練習すれば、もっと良く覚えていられるようになるさ」

フォールは、口をあんぐり開けたまま、ベッドに座っていました。あり得ないと言った顔つきで、呆然としていました。

「な、なんだって？　とっくに友達になってるって？　もう知っていて、また会えるんだって？　本当に？」

すると、それを遮るように、大きな声がフォールの脳裏に華々しく響いてきました。「もちろんだよ、フォール？　お前はよくやった。あれはテストだったのだよ。あのような大変な状況でのお前の対応は見事だった。あの子を遊びに夢中にさせるなんて、大したものだ」

「おぉ、ミカエルさま……あ、ありがとうございます……」フォールは言葉につまり、つぶやくように、やっとの思いで言いました。「ミカエルさま、あれは本当に不気味で……怖くて。今でもどうやって切り抜けたのかわからないんですよ……」

「わかっているさ、フォール。だが、お前は切り抜けた。大事なのはそのことだ。だから、褒めているのだよ」

フォールの顔は真っ赤になり、喜びが自然に溢れてきました。どんなに嬉しく、感謝しているかを伝えたいと言葉を探すのですが、どうしても言葉が出て来ないのでした。大天使ミカエルはにこやかな声で続けました。

「死者たちの国は結構生き生きしているのだ。そこは、この世よりもはるかにいのちに溢れている。たいていの場合、人はこの世を離れて、暗闇の渦に吸い込まれるが、すぐに光が見える。明るさはそれぞれに違うがね。霊《スピリット》は光だから、光に引き寄せられる。それゆえに、お前たちは最終的に吸い込まれてしまうまで、歩みを続ける。**その光の明るさの度合いによって、次元の異なる世界が開かれ、広がっていく。**

だが、皆が皆そうなるわけではない。理由はいろいろだ。審判を恐れる魂もいれば、『誤り』を正そうとする魂もいる。復讐に余念のない魂もいるし、残された者たちの悲嘆に後ろ髪を引かれたままの魂もいる。実に多くの魂が、混乱のあまり、自分の身に何が起こったのかわかっていないのだ。急逝した場合は特に顕著だ。焦ることはない、フォール。そこには、人間だけとは限らないが、たくさんのヘルパーたちがいて、混乱した魂に真理を見せようとしている。真理だけが、『この世のやり残し』の呪縛から魂を解放することができる。**真理こそは解放であり、自由なのだ**」

フォールはベッドの上に座ったまま、身動きもせず、一言も聞き漏らすまいと耳をそばだてていましたが、ミステリアスなヘルパーたちのことが気になって仕方がありませんでした。

「あのヘルパー……」と、フォールは口ごもりながら、厚かましいお願いかなと思い、途中でやめました。

「あぁ、ヘルパーたちか。会いたいんだったね？」フォールは希望に胸を膨らませ、その目は喜びに踊っていました。「会えるの？　会えますか？　本当に？」

「それには、まず、しっかりと意図を定め、揺るがないようにすることだ。そのことを忘れるでない。あの世界では、思考も感情も尋常ではない強烈な形で現れるからだ。注意と集中を怠らぬように。

今回のことをお前が全部覚えていられるか、見てみるとしよう。ヘルパーたちの多くは、お前の古い友達だ、フォール。前世で何度も一緒になったことがある」

†††

煙に巻くような言葉とたくさんの疑問を残して、大天使は去っていきました。

フォールはその静けさの中で、考えに耽っていました。「ぼくの古い友達だって……？　そんなことがあるのかなぁ」

考えをまとめようとし、エネルギーもためようとして、フォールは数日をやり過ごしました。そして、ある晩、彼は意図を定めようと決意し、実行に移しました。思い出せない「旧友たち」にどうしても会いたかったからです。

ベッドに入り、目を閉じると、いつしか中に深く吸い込まれるような感覚を覚えました。どうか他の「ヘルパーたち」に会えますようにと、固く意図を定めながら、その不思議な感覚に身を任せました。

アストラルな再会とイーグルの飛翔の投射

フォールは大きな部屋にいて、他にも二〜三人の姿が見えました。そこはもはやフィジカルな次元ではなく、重たい、薄暗くぼやけたエセリックな次元でもありませんでした。空気は澄んでいて、活力に溢れていました。アストラル界のどこかに違いありません。

彼は自分が近しい友人、「アストラルな旅人」の友達と一緒にいるということ、そして、今まさに体外離脱を一緒にやろうとしていることを、どういうわけかはっきりと感じていました。

彼は部屋の隅にあるカウチに横になると、間もなく柔らかなバイブレーションを感じ始めました。リラックスして流れに身を任せようとしながら、体をすくめて、そこから抜け出るような仕草で、カウチに腰かけようとしました。フィジカルな世界ではいつもそうやっていましたから。

驚いたことに、それらはすべて投射の中で起こったことで、覚醒中の出来事ではなかったのです。つまり、一種の投射の中の投射だったのですが、彼はそのことに気づいていながら、あまり気にも留めていませんでした。

その時は、片方の肩が引っかかっているような感じがして、その方が気になっていたからです。困ったなぁ、何とかして抜け出ないと、と肩に力を入れましたが、やはり引っかかったままなのでした。

すると、友人の一人が、男の人で、多分三十代くらいでしょうか、近寄って来て、優しく肩を引っ張ってくれたのです。「これで、どう?」その人は陽気に言いました。「ほとんど出来ていたけどね。この肩を出しさえすればね」

†††

残念ながら、この直後、フォールは明晰さを失ったらしく、その体験はそこで終わっています。すべてはぼやけてきて、何が起こったのかすら、覚えていないのです。

気が付いてみると、肉体から抜け出て、空高く飛んでいました。それはそれは素晴らしく、自分がいのちと活力そのものみたいに感じられるのでした。こんな超気持ちいい感覚はありませんよ！　それはあまりにも素晴らしく、圧倒されてしまって、フォールは他の「ヘルパーたち」に会うんだという意図を、すっかり忘れてしまっているようでした。そして現に、目もくらむような紺碧の空を夢中で飛び回っていたのでした。この果てしない爽快感に酔いしれ、他のことはどうでもいいような気さえしていました。

ふと、自分がいつもイーグルのように飛んでみたいと思っていたことを思い出し、彼の脳裏には、あの素晴らしいイーグルの夢や彼らからの贈り物の夢が次々と浮かんできました。

すると、高い空からいつの間にか信じられないほど美しい地上に向かって滑空していました。それは、蛇行するような飛び方で、速いけれども優雅で、威厳に満ちていました。彼は両腕を広げ、頭をやや下向きにして、眼下に広がる陸地を見つめました。

今や彼はイーグルになっていて、森林に囲まれた山々や川が広がる景色を眺めながら、飛んでいるのでした。近づいてみたり、遠のいてみたりを何度も繰り返し、何度眺めても、その風景はただただ美しく、見事としか言いようがありません。

彼は川に沿って飛んでいましたが、急流で険しい岩山を切り裂くような白い飛沫《しぶき》が見えました。蛇行する川は、まるで蛇行する彼の飛び方を反映しているかのようでした。周りを取り囲む樹々、岩山、澄んだ青と白の水面に反射する日の光……すべてが、信じられないほど、目が眩むほどに美しく、フォールの魂を惹きつけ、うっとりとさせるのでした。

これほどまでの、言葉に尽くせぬ素晴らしい体験をさせてもらえたことに、フォールの心は喜びではちきれそうでした。そして、心の底から、感謝をつぶやき、それは叫びに変わっていました。「ありがとうございます、ありがとうございます、**ありがとうございまーす！！！**」

†
†
†

この後再び、すべてはぼやけてくるのですが、一時、どういうわけかフォールの理性に、嫌な疑念が忍び込んだようでした。「どれくらい、ぼくはこれを続けられるんだろう？」一瞬、ほんの一瞬でしたが、考えてしまったのです。でも、彼を数メートル降下させるには、それで充分なようでした。

彼はうろたえてしまい、再びもっと高く飛ぼうとするのですが、下降するばかりで、ついには街中の薄汚れたコンクリートの建物の周りを飛んでいるのでした。「あれぇ……あの目の覚めるような景色はどこへ行っちゃったんだろう？」彼はがっかりして叫ぶのですが、スピードはだんだん落ちていき、もはや飛んでいなくて、その建物のそばの通りを歩いているのでした。彼は惨めな気持ちになり、すっかり混乱していました。

そこで目が覚めました。まだ眠くて瞼は重かったのですが、なぜ落ちてしまったのかを突きとめなくてはと思っていました。でも、彼には分かっていました。頭を悩ませるようなことではなかったのです。あんなちょっとなのに、チラッと考えがかすめただけなのに、原因は明らかにそれなのでした。「ミカエルさまが言ってたことだ」彼は悲しくなりました。『あそこ』では、思考があんなにも影響するんだな。ほんのちょっと疑っただけで、完全に落っこちてしまうんだ」そのことを全部大切なノートに書きとめたいと思ったのですが、目を開けていることができず、もう一つの夢に引きこまれていきました。それは、とても短いけれども、的を射た夢でした。

海賊の夢

フォールは再び、アストラルな旅人の友達グループと一緒でした。皆、飛行機に乗っていて、理由はわかりませんが、インドネシアに行くところでした。ところが、飛行機が海賊にハイジャックされてしまったのです。そして、場面は変わり、彼らは海賊に捕らえられて、陸地を歩かされていました。フォールの隣には年配の、裕福な身なりの、とてもエレガントな女性がいました。並んで歩きながら、彼女は海賊たちに聞こえないように、ささやくような声でフォールに話しかけました。自分はこの航空会社のオーナーであることを説明し、こう言ったのです。「心配しないで。私たちで何とかできるわ」

†††

この言葉が頭に残っている状態で、フォールは目が覚めました。水を打ったような静けさの中で、枕に頭を沈めたまま、彼はしばらくの間身動きもせず横たわっていました。夢の中の出来事を何度も何度も思い返しながら。

まだそれが何なのかハッキリわからないのですが、頭の隅に何となく引っかかるものがありました。突然、彼は大声で叫びました。「ヘルパーたちだ！！！」深く思い巡らした末に、やっとわかったのです。

彼はヘルパーたちのことを、というか、ヘルパーたちに会えますように、そして起こったことをすべて覚えていられますようにという意図を定めたことを、すっかり忘れていました。「なんてこった！」困り果てて、声はかすれていました。「イーグルのように飛ぶのが夢だった……その夢がかなって、飛ぶのに夢中になって、『ヘルパーたち』に再会する意図をすっかり忘れちゃったんだ……どうしよう……」フォールは、自分の不甲斐なさにショックを受けていました。また、やっちゃった、ミカエルさまをがっかりさせちゃったな、と。

「フォール、ほとんど誰でも、飛んでいると注意散漫になるものだ。特に最初はね。このことを教訓にして、決して忘れないことだ」ミカエルさまは、さも当たり前と言わんばかりに答えました。

「このことをいつも覚えておくように。**アストラルな世界では特に、思考が実現しやすい。しかも思考は感情に引きずられる。**その逆もまたしかりだ。つまり、思考が実現しやすい環境では、思考と感情が激しくなって、ちょっと想像しただけでも、それがすぐに現実化してしまうのだ。お前の感情を映し出す『鏡』がお前を取り巻いている。だから、自分の感情をいつも良い状態に、愛と信頼と平和に満ちた状態にしておくことだ。それこそはお前が現わすものなのだから」大天使はそこで、言葉が沁みとおるのを待つかのように一呼吸置き、労わるように続けました。

「それはそれとして、お前のインナーセルフ（内面の自己）は、夢の中でうまくお前を導き、助けているように見えるがね」この言葉に、フォールは驚きのあまり、思わず頭をあげました。「ぼくのインナーセルフ？　夢の中の？　どこで？　だれが？　どうやって？」

「年配の女性がいただろう、フォール。お前が乗っていた飛行機のオーナーだ。つまり、お前の『アストラルな車体』*のオーナーだ。『心配しないで、怖がらないで、自分たちで何とかできるから』と言っていただろう？　だから、お前は何とかできるさ、フォール。時間が経てばうまくやれるようになる。どの投射も、どの霊的成長も、お前のインナーセルフが見守っていて、教えてくれ、助けてくれる。今回お前は、自分の手に負えない思考のなすがままに、自分の飛行機の軌道を、すなわち、お前の目的・意図をハイジャックさせてしまったがね」

突然、頭の霧が晴れて、フォールはわかったと言わんばかりに叫びました。「あぁ、あの海賊のことか！！　なるほど！　彼らはぼくの無軌道な手に負えない思考だったんだ。それでいつもぼくの意図は乗っ取られていたんだ！！　彼らがハイジャッカーだったんだ！　そうか……ぼくの乗っ取り犯がまた邪魔していたんだね！」

どういうわけか、フォールにはこのことが可笑しくてたまらず、唇がひとりでに動いて、楽しくてたまらないと言った表情でした。「なんてバカだったんだろう！　また、しくじったんだ。だけど、ミカエルさま、これからはこのことを忘れません」

「確かにお前はしくじった。だが、そのお陰で、忘れられない教訓になった」そう言って、大天使ミカエルは去っていきました。

†　†　†

フォールは、この最後の出来事について深く思い巡らしました。もちろん、自分の散漫で移り気な脳みそについても。

あの部屋にいた友達は、そしてあの飛行機に乗っていた友達は「ヘルパー」だったんだろうか？　もしもあの時、意図を忘れずにいたら、一緒に誰かの「魂の回復」ができたのではないか……そんな思いが次々に浮かんできて、頭はグルグル回っていました。

でも、もう後ろ向きのことを考えるのはやめにして、良かったことを考えることにしようとフォールは思いました。結局、体外離脱体験の中で「友達」に会えたのは、あれが初めてだったのだし、彼らは本当に助け合っていましたから。「あれは、何か意味があったに違いない」と思いました。

「そうだよ、フォール、意味があったのだよ。『タラレバ思考』をやめたのは正解だよ。大きな前進だね」エムが、いつもの助け舟を出してくれました。

「『今ここ』にいる、ということさ。覚えているかい?」

「覚えていますとも、エムさま。すぐ忘れちゃうんですけどね」フォールは感慨深げに頷きました。「でも、行けるところまで行ってみようと思うんです。至高の神さまに約束しましたから」フォールは約束を果たしたいと思いました。

†††

この後、フォールは本当に魂の回復の仕事に取り掛かりました。うまくいく時もうまくいかない時もありましたが、子供たちの相手がことのほか上手なようでした。ですが、ある場合は、特に非業の死の場合は、あまりに強烈で恐ろしいので、目を擦って覚醒し、フィジカルな状態に戻るという「非常手段」を取りました。それはいつも功を奏して、その場を逃れることができたのですが、そんな逃げ方は、喜ぶようなことでもありませんでした。「結局、忍耐にも限界があるんだな」と深く後悔し、「だけど、次はもっとしっかりやろう。至高の神さまはいつももっと良くやれと仰っていたから」とつぶやくのでした。

ところが、そんな熱意を持っていても、「魂を回復する」という仕事は簡単なことではありませんでした。それは犠牲を強いるもので、「彼ら」に光を示すということは、つまり、多くの闇を通過するということであり、フォールも光を求めていたのでした！　彼は、自分のエネルギーまでぼやけてきて、少しずつしぼんでいくのを感じました。助けてあげたいと思う自分がいる一方で、休みたい、この使命を果たす力がまだ残っているかしらと訝る自分がいました。別に嫌だというわけではありませんでしたが……それほどに、それは荷の重い仕事なのでした。

彼は光の夢を、美や天使たちの夢を、パワーを授けてくれるような夢を恋焦がれていました。根気強く続けるためには、充電がどうしても必要でした。

彼の願いが強かったからでしょうか、それとも、必然だったのでしょうか？　わずか数か月後に願いがかなえられたのです。

それは、とても短い夢で、夢というよりはイメージの残像という感じでした。

＊「フォール２」p.１３３〜１３４参照

花の中にいる夢

フォールは、黄色やオレンジやグリーンなど、様々な色が斑になっている大きな筒状の滑り台を滑っていました。なんてスゴイんだろう！　彼は、はしゃいで滑り降りていました。最初は、自分がどこにいるのか、どこに来てしまったのかわかりませんでしたが、よく周りを見てみると、自分がものすごく小さくなっていて、ユリのような花の筒の中にいるのでした。繊細な色が互いにブレンドされていて、本当に見事な配列でした。キラキラ輝く色彩に包まれているような、万華鏡《カレイドスコープ》に吸い込まれているような感じでした。

万華鏡のイメージが目に焼き付いたような状態で、フォールは我に返りました。

「うわぁ！　なんて素晴らしかったんだろう！」その声は喜びに満ちていました。

「花って、中から見てもあんなに美しいんだ。それに、最後のイメージ……万華鏡……動かすときれいな模様が見えて、昔から大好きだったな」

フォールがそんな思いをやっと言葉にした時に、メロディアスな声が彼の潜在意識にささやきかけました。真理の言葉が「意識」の表面に浮き上がって来たかのように。

大天使ガブリエル

「フォール、われは大天使ガブリエルである。
歌うような声と高い周波数を持つ者である。*

そうだ、万華鏡《カレイドスコープ》だ。宇宙の形は様々に変化し、姿を変える、まるで万華鏡のように。様々な形が一つになり、一つが様々な形になる。一つが崩壊して他に吸い込まれ、新たな姿になる。フラクタルの爆発だ。どこが終わりで、どこが始まりなのか……？

変化と崩壊と再形成を永遠に繰り返す、創造の美。色と形が、そして無色と無形が宇宙を創り上げる。

光も音も、波動を出す。

色は、様々なエネルギーの振動により、変化する。

振動は音だ。

ゆえに、音楽は色の中を漂い、流れる。だが、ただの色ではない。

音楽の振動により生まれた波が作り出す、純然たる美しい幾何学模様のような色だ。

光による思考、色による音。

すべては繋がっている。

実は、お前の『高次の神秘体』、アストラル界よりも高い次元でお前が使う車体[**]は、至福と輝く喜びに満ちた光と色と色相で思いを伝える」

フォールは言葉もなく、ただうっとりと聴き入っていました。胸がいっぱいで、息もつけぬほどでした。天使たちのメッセージを、どれほど待ち焦がれていたことでしょうか。今、大天使が光と音楽のメッセージを携えて、再び訪れたことが、彼には信じられませんでした。こんなにも必要としている今、来てくれるなんて。彼の魂は歌っていました。光を恋焦がれて。

大天使は続けました。

「体の中にある音楽は、真のシンフォニーだ。完全で、正確で、調和が取れている。不協和音が入り込むと、病も入り込む。

無秩序とアンバランスが大混乱をもたらす。

調和は失われる。

フォトンをＤＮＡ細胞の周りに並べよ。

その光の細胞を安らがせよ。

光と音が、細胞に活力を与える。
バランスを保つのに、音を使え。
細胞に光を与えよ。
魂に光を与えよ。
されば、光を在らしめよ」

そして、大天使は去っていきました。

フォールは、あまりに圧倒され、畏敬の念と至福感で、呆然としていました。この至福感と感謝の思いは、数日間離れることなく、脳裏には、大天使の光に満ちた言葉が幾度となく蘇ってくるのでした。

†
†
†

再び、夜の帳が訪れ、なぜかフォールは、不安と期待で胸がドキドキしていました……今夜は何か起こるに違いない。そんな予感がしました。彼は、月に照らされた夜空を見上げ、大きなため息をつきました。心が膨らむのを感じながら、彼は深い眠りの甘美な懐に身を任せました。

目覚めたのは真夜中でしたが、まだ眠くて瞼が重く、自分がどこにいるのかもわかりませんでした。気が付くと、あの「意識と無意識のはざま」にいて、自分が本当に目覚めているのか、それとも夢の世界にいるのかを見定めようとしていました。

その意識すれすれのところで、可笑しな考えがよぎりました……イルカがパイロットで、クジラが古代の知識のメガ・データベースで、ゾウが……そうです、象のいる何かが……そこまで考えたところで、眠りこけてしまいました。

＊「フォール1」p.136参照
＊＊「フォール2」p.133～135参照

爆発する光……神聖な象の夢

フォールは空き地の真ん中に一人で立っていました。空き地の向こうには、ジャングルが見えました。ジャングルを眺め、いったい自分はどこにいるのかと考えていると、亜熱帯の草原を、一頭の象が、ゆっくり、威風堂々と歩いて来ました。

それほど大きくはありませんでしたが、雄の象のようで、フォールに近づいて来ました。フォールは、うっとりと眺めていました。

象は歩みを止め、象とフォールは互いに見つめ合っていましたが、フォールは魅せられたように象に近づいていきました。

一歩また一歩と近づくにつれ、いつの間にか、象の方もフォールに近づいて来るのでした。そしてついに、彼はこの威風堂々たる動物の真ん前に来てしまいました。フォールは、思わず、心の赴くままに、自分の額を象の額に、その長い鼻の上に、そっと押し当てました。

すると、不思議なことに、額と額が触れ合った瞬間に、光が弾けたのです。光が爆発し、無限に広がっていました。彼はもはや、光を見ただけでなく、「感じて」もいました。すべてが「光そのもの」みたいでした！！　それと同時に、彼の中でも、無数の得も言われぬ感覚が湧きあがってきました。触れ合った額から光が降り注ぎ、彼らを甘美な抱擁で包みました。フォールはこの上もない解放感で満たされました。

それは、すべてを超越した、至福の、神聖な瞬間でした……この素晴らしい生き物との合体の瞬間に味わった法悦、恩寵、愛、平和、無限の広がりの感覚は、言葉では表せぬものでした。あまりにも畏れ多くて、神聖で、言語に絶するものでした。

あの光の爆発の中に、すべてが、そして無があったのです。光の爆発の中に現れた有と無のすべて。

†††

フォールは、この世のものとは思えぬ光のヴェールにくるまれているような感覚のまま、目が覚めました。感謝の思いがこみ上げ、言葉もなく、考え込んでいました。

「ぼくたちの中には、光が溢れるほどにあるんだな」彼は畏敬の念に打たれたようにつぶやきました。請い求めていた光を、これほど息を呑むような形で与えられようとは。光は内面の奥深くから、外側に、皮膚の外に溢れ出て、自分を取り囲むオーラとなり、周りに広がっているのでした。

「ありがとうございます。主よ、感謝します。光あれ。どうか、世に光がありますすように」とフォールはつぶやいていました。

すると、それに答えるかのように、声が響いて来ました。一つの声だったのか、それとも、天使たちが交わす声だったのか、空中に漂いながら、フォールの脳裏に力強くささやきかけました。

「『神秘の目』を覚えているかい、フォール？　神秘の目は、識閾を超えて光を放ち、それが、もっと知覚の広い内面の世界にまで届くのだ。

お前は肉体化された霊《スピリット》なのだ。覚えておき、『霊』と『肉体化』だ。霊の世界と物質の世界は、お前が考えているほどかけ離れているわけではない。**実は、万物は、ほぼ同じ物質でできているのだ。**

お前の周波数を増幅させ、精緻化して、密度を下げるのだ。そうすれば、内面に輝くまばゆい光を感じ取ることができる。

われわれがお前に求めているのは、フォール、崇敬ではなく、道行きへの献身だ。

覚えておき、フォール。道行きへの献身だということを。

お前は、自分が最も必要とするところへ、あるいは最も必要とされるところへ導かれる。

お前の道行きに光あれ、フォール。

世界に光あれ。

光あれ。

光あれ」

完

エピローグ

この種の体験談にエピローグなんてあっただろうか？　夢と言うのは毎晩見るものだから、終わりのない話なのではないか……そう思うと、完結させることに戸惑いを覚えます。そして、続きを書くと言うことにも……私としては、扉をそっと開けたままにして、いのちの流れを入るがままに、出ていくがままにしておきたい。

ただ、お許し願えるならば、ここに少し説明を加えさせていただきたいのです。初編（フォール1）と続編（フォール2）の読者の皆様からの質問にお答えするためにも。

「少年と天使たち」シリーズは、決して「体外離脱体験」のマニュアルでもなければば、「夢」の解説書でもありません。また、哲学書でも宗教書でも、自己啓発書でもありません。ただ、典型的なフィクションでないことだけは、どうしても申し上げておきたいと思います。書かれたことは、二〇〇四年以降に実際に私に起こったことばかりです。二〇〇四年の春から、とてつもない体験が始まり、それは私のありふれた日常生活の一部となったのです。以来私はすべての夢を、インターディメンショナルな旅のすべてを、ありのままに、正確に、詳細に書き記そうと努めました。

ですが、そもそも夢ですから、その物語にはきちんとした終わりがあるわけではなく、必ずしも完全に解明できるわけでもありません。そのため、「少年と天使たち」を読んだ後に、答えよりも疑問の方が残る印象を持たれるかもしれません。このシリーズがフィクションだったならば、夢の一つひとつを合理的なわかりやすい筋書きに仕立てることもできたでしょう。でも、それでは、真実と違ってしまいます。私は真実を書きたかったのです。たとえ、どれほど奇妙に受け取られたとしても。

私は自分の体験を外の世界と分かち合いたいと思っていました。同じような体験をしながら、そのことを「カミングアウト」したら、嗤われるのではないか、それどころか精神病者扱いされるのではないかと恐れて、何も言えずにいる人たちがたくさんいるに違いないと思ったからです。ありがたいことに、近ごろは、科学が三次元を超えた世界の存在をついに認識し始め、唯一無二の現実世界から壁が取り払われようとしています。そのお陰で、私だけでなく他の超常現象体験者も、口を開き始めるのではないかという気がします。そうした体験は、既成の価値観や信条の枠に嵌められた固定観念から私たちを解放してくれると思うのです。

意識を、体験からさらに掘り下げて、未知の、地図のない領域にまで広げましょう。そして、私たちがこの広い世界で、宇宙で、決して一人ではないことを確信しましょう。

他の次元に踏み入ることを、私たちは「シフト」とか「投射」と呼び、それについては既にたくさんの書籍やマニュアルが出回っています。*

フォールの物語をお楽しみくださった読者の方々には、そうした本をもっと読まれて、研究なさることをお勧めします。そうすれば、夢の教えやインターディメンショナルな投射が皆様に訪れた時に、フォールの旅路は、皆様の旅路となることでしょう。それこそは、直接体験による気づきの旅なのです。そして、皆様の求めておられる答えが、きっと直に見つかることでしょう。

最後に、この場を借りて、フォールの冒険にお付き合いくださった読者の方々に深く感謝申し上げます。皆様と分かち合うことができたお陰で、フォールの「気づき」の旅は、より素晴らしいものになりました。心からお礼を申し上げます。

ナナ・F・ムザカ（別名　フォール）

＊William Buhlman, Jurgen Ziewe, Robert A. Monroe, Bob Peterson, Gordon Phinn

訳者あとがき

私自身健康に問題を抱え、年を重ねる中で、「少年と天使たち」（Foal and the Angels）に出会えたことは、とても幸せなことでした。

思えば、初編（フォール1）を手に取って訳し読みを始めたのは、長年見守って来た母を見送って十か月余りを経た頃で、そんな私に、フォールを通して語られる体験と夢のメッセージは、とても斬新で、新鮮でした。初編の翻訳完了後間もなく、続編（フォール2）の原稿が届き、翻訳し始めましたが、体外離脱の体験も知識もない私には、難解な個所が多く、苦心いたしました。

ところが、この完結編（フォール3）は、どうでしょう！　全く体験のない私の想像力を掻き立てるエピソードに満ち溢れていました。私たちの生きている世界が、実に多くの目に見えない存在に囲まれていることをしみじみ感じながら、翻訳を楽しみました。

愛する人を亡くして、喪失感に苦しまれる方たち、愛する人を今心配しながら見守っておられる方たち、そして、ご自分の死と向き合っていらっしゃる方たちの心に、フォールのメッセージが届いて、その方たちが心に安らぎを感じる縁《よすが》になれたら、と切に願っております。「時間と永遠は同時に存在する」（フォール1、p.85）ことを信じて。

最後に、このシリーズの出版に携わってくださった多くの方々に、心からの感謝を申し上げ、ペンを置きます。番外編が書かれることを、どこかで予感しながら。

二〇一九年十月

恩師に捧ぐ

［著者紹介］
Nana F. Muzaka（ナナ・エフ・ムザカ）
著者というよりも、フォールその人。

［訳者紹介］
山川 晃子（やまかわ　てるこ）
学習院大学文学部卒業。
外資系企業等勤務を経て、翻訳に携わる。

少年《しょうねん》と天使《てんし》たちⅢ　魂《たましい》の回復《かいふく》と内省《ないせい》の旅《たび》

2020年4月28日　第1刷発行

著　者　Nana F. Muzaka
訳　者　山川晃子
発行人　久保田貴幸

発行元　株式会社 幻冬舎メディアコンサルティング
〒151-0051　東京都渋谷区千駄ヶ谷 4-9-7
電話　03-5411-6440（編集）

発売元　株式会社 幻冬舎
〒151-0051　東京都渋谷区千駄ヶ谷 4-9-7
電話　03-5411-6222（営業）

印刷・製本　シナジーコミュニケーションズ株式会社
装　丁　松山千尋

検印廃止

ISBN 978-4-344-92790-2 C0010
幻冬舎メディアコンサルティング HP　http://www.gentosha-mc.com/